Vom Wolf ...
... zum Hund war es ein langer Weg.

Ausdauernd und fordernd oder klein und verspielt –
das ist hier die Frage!

Vorwort

Die Verkaufszahlen von Wohnmobilen steigen seit Jahren stetig und die Urlaubsform Camping allgemein boomt. Dies liegt nicht nur an den niedrigeren Reisekosten oder einem romantischen Blick auf Abenteuer und Freiheit. Nein, der Reiz für viele liegt an einem ganz besonderen Reisebegleiter: dem treuesten Freund des Menschen. Mit der Symbiose von Mensch, Hund und Wohnmobil gelingt es zum einen besser, eine Bleibe für sich und den Vierbeiner zu finden. Sie ist auch die Ideallösung, um die Wünsche aller unter einen Hut zu bringen. Nah an der Natur, brauchen Herrchen und Frauchen morgens nicht lange die geeignete Gassi-Runde suchen, meist reicht es, einen Schritt vor die Tür zu tun.

Aber auch hier gilt: Drum prüfe, wer sich ewig bindet. Die Anschaffung selbst eines gebrauchten Wohnmobils sollte wohlüberlegt sein. Bei einer Neuanschaffung ist ein Fehlgriff besonders kostspielig, da in den ersten drei Jahren der Wertverlust am höchsten ist. Das ist aber nur eine von vielen Fragen, die man sich stellen sollte. Andere lauten: Verträgt der Hund das Wohnmobilfahren? Wie lebt man auf so engem Raum mit Hund und was erwartet einen am Traumziel? Kann ich auch mit zwei oder mehr Hunden auf Tour gehen? Wie ist es an Bord einer Fähre? Was sollte man auf dem Wohnmobilstellplatz beachten?

Für all diese Dinge geben wir wertvolle Tipps, die Entscheidungen erleichtern und vor allem davor bewahren sollen, unnötige Fehler zu machen. Dabei geht es nicht darum, »schlaue Sprüche« zu klopfen oder Thesen und Regeln aufzustellen, deren Verbreitung unumstößlich ist. Sie sollen interessant und unterhaltsam sowohl für den Anfänger, den Nichthundebesitzer wie auch den erfahrenen »Rudelführer« sein.

Eines steht fest: Es gibt nichts Schöneres, als die Freizeit individuell und ohne überflüssige Zwänge zu verbringen. Jeder soll dabei den für sich besten Weg finden, denn wir alle möchten entspannt und erholt aus dem Wohnmobilurlaub nach Hause zurückkehren!

Viel Freude unterwegs in unserer schönen Wohnmobilwelt wünscht
Torsten Berning
mit Reiseteam Sylke Zimmermann und Bordhund Henry

01

Die Domestizierung des Hundes

»Canis lupus familiaris«, unser heutiger Haushund, wird als Heim- und Nutztier gehalten. Seine wilde Stammform ist der Wolf, dem er als Unterart zugeordnet ist. Ob seine Domestizierung, seine Züchtung aus der Wildform, vor 15 000 oder 90 000 Jahren vor unserer Zeit stattfand, ist uns dabei egal.

Wichtig für den Hundefreund: Sie hat stattgefunden! Wichtig ist auch, dass unser Haushund, wie wir ihn kennen, sozialisiert ist. Heißt: Er ist an das Zusammenleben mit Menschen gewöhnt und ist bzw. hat sich an die menschliche Gesellschaft angepasst. Ein wild lebender Dingo oder frei lebender Streuner ist also zwar ein domestizierter Hund, aber eben kein sozialisierter.

Weltweit gibt es schätzungsweise 500 Millionen Haushunde, davon wiederum 75 Prozent (!) frei lebend. Die Kontrolle dieser Hundepopulationen ist in vielen Ländern ein großes Problem. Wer schon einmal den Süden Europas mit dem Wohnmobil bereist hat, wird etwa in Spanien, Italien, Portugal oder Griechenland damit seine Erfahrungen gemacht haben.

Das Leben und Wohlergehen der Hunde hängt wesentlich von den Lebensumständen der Menschen, mit denen sie zusammenleben, ab. Somit geht es den meisten Hunden in unseren Breiten gut. Ein Umstand, dem Nichthundebesitzer nicht selten mit Unverständnis begegnen. Doch Hunde sind nützliche Begleiter. Der geschichtliche Werdegang des Zusammenlebens von Mensch und Hund brachte verschiedene Formen der Gemeinsamkeit hervor. War es zu Beginn der Zug- und Transporthund, heute z. B. noch in Form des Schlittenhundes von Eskimos, wurde in der weiteren Entwicklung der Wachhund wichtig zum Schutz von Haus, Hof und Vieh. Später war es dann der Hirtenhund, der die Schafe vor dem Wolf schützte und die Herde zusammenhielt; schließlich der Jagdhund, der den Menschen bei der »Futtersuche« half.

Heute gibt es außerdem den Gebrauchshund, der den Menschen als Drogen- oder Vermisstenspürhund unterstützt, oder den Blindenhund, den Assistenz- und Therapiehund. Die jüngste Zeit brachte schließlich den Freizeithund hervor. Der geht mit uns gemeinsam zum Sport, Stichwort Agility, oder macht uns schlichtweg Freude und begleitet uns durchs Leben – einfach, weil es schön ist!

Welcher Hund passt zu mir?

Wer unterwegs ist mit seinem rollenden Urlaubsgefährt, dem Wohnmobil, kann schnell auf den Geschmack kommen, einen Hund als treuen Reisebegleiter mit an Bord zu nehmen. Doch bevor man sich zu diesem Schritt entschließt, sollten einige Überlegungen angestellt werden.

Denn wer mit dem Labrador der Freunde mal Gassi gegangen ist, merkt schnell, welche Anforderungen ein solches Tier stellen kann. Da reicht es nicht aus, mal eben »um die Ecke« zu gehen, schnell sind 30 oder 60 Minuten vergangen. Bei schlechter Witterung muss das Tier anschließend gesäubert werden, denn es soll ja wieder in Ihr kleines Reich! Wäre ein bisschen weniger Arbeit auch in Ordnung, schaut man vielleicht mal bei den Nachbarn mit dem netten kleinen Yorkshire Terrier. Nicht nur, dass dieser statt 30 nur sechs Kilo wiegt, nein, er haart auch nicht! Ach, so etwas gibt es auch? Ja, das gibt's und soll heißen, dass neben Ihrer eigenen Fitness und Vorliebe noch ganz viel zu beachten ist. Eben auch, ob ein Hund haart, man ein Männchen möchte oder ein Weibchen, einen Jagdhund oder einen Schoßhund. Wer im Bekanntenkreis keine Hundebesitzer hat, schaut vielleicht in einem Tierheim vorbei. Dort kann man verschiedene Hunderassen kennenlernen und eine kostenlose Beratung aus berufenem Mund erhält man auch.

Wer bereits ein Wohnmobil sein Eigen nennt, kann gut einschätzen, wie viel Platz ein Hund im Fahrzeug hätte. Denn dieser braucht ein eigenes Terrain, in das er sich zurückziehen kann, und sei es nur ein schönes Hundekissen, das zu jeder Zeit zugänglich ist. Ein Hund schläft bzw. ruht gern mal 12 bis 15 Stunden und mehr am Tag. Ein weiteres Kriterium ist die Frage, wie viel Zeit man am Tag für das neue Familienmitglied opfern kann oder mag. Berufstätige sollten sich diesen Schritt gut überlegen und den Hund nicht zu einem »Halbwaisen« degradieren, der acht Stunden am Tag allein verbringen muss. Wer schon im Ruhestand ist, sollte sich darüber im Klaren sein, dass ein Hund den Alltag ganz schön durcheinanderwirbeln kann. Aus persönlicher Erfahrung kann ich allerdings sagen, dass die positive Bereicherung überwiegt – oder wann waren Sie das letzte Mal im Herbstregen morgens um neun Uhr spazieren?

03

Mietmobil und Hund

Allein die beiden Gruppen »Wohnmobil mit Hund« und »Camping mit Hund« haben in den sozialen Medien über 25 000 Mitglieder! Und immer wieder taucht hier die wichtige Frage auf: »Wer kennt einen Wohnmobilverleih, der uns erlaubt, unseren Hund mitzunehmen?«

Sicherlich findet man mit etwas Glück einen Anbieter, der die Mitnahme unter bestimmten Voraussetzungen zulässt. Oftmals ist dies verknüpft mit der Größe des Hundes, immer aber mit der Anzahl. Die Mitnahme von zwei oder mehr Hunden ist eigentlich ein Ausschlusskriterium.

Ist man nach einiger Recherche fündig geworden, stellt sich die Frage, ob das Wohnmobil für den Hund passend ist und vor allen Dingen, ob er sicher darin befördert werden kann. Denn anders als im eigenen Wohnmobil hat

Drum prüfe, wer sich länger bindet!

man hier natürlich nicht die Gelegenheit, alles den eigenen Bedürfnissen anpassen oder entsprechend umzubauen.

Zum Glück gibt es inzwischen Spezialisten, die sich dieses Themas angenommen haben. Mit Kompetenz und Sachverstand entwickelten sie einen Hundetraum vom Wohnmobil für die Vermietung. Ihre tierischen Begleiter freuen sich über ein Willkommenspäckchen, Wasser- und Fressnäpfe, eine Langlaufleine und vieles mehr. Herrchen und Frauchen wiederum wissen ein Erste-Hilfe-Paket mit Zeckenzange etc. zu schätzen, spezielles Hundegeschirr für den sicheren Transport, eine Kofferraumgarage als Ruheort oder zum »Abtropfen« nach einer Wanderung – und einiges mehr, was Hunden und Besitzern den Alltag erleichtert.

Zum Markenzeichen ist inzwischen der eigens eingebaute Durchgang von der Garage zum Wohnraum geworden. Hier kann sich der Hund nach Lust und Laune zurückziehen. An 17 Standorten in Deutschland, Österreich und in der Schweiz können Sie auf der Suche nach dem richtigen Wohnmobil z. B. bei www.waumobil.de fündig werden. Fest steht, dass die Leihgebühr für solch ein Wohnmobil gut investiertes Geld ist, denn nur so können Sie sicher sein, den richtigen Schritt für sich und Ihren Hund zu machen.

Mietmobile gibt es viele zur Auswahl.

Camping- und Caravan-Messen sind das Aushängeschild der Branche.

Camping- und Caravan-Messen

04

Für die Suche nach dem passenden Urlaubsgefährt in vierbeiniger Begleitung ist der Besuch einer der großen Camping- und Caravan-Messen ein guter Tipp. Hier findet man, ohne viele Kilometer an verschiedenen Orte abspulen zu müssen, alles übersichtlich vereint, vorausgesetzt, man ist gut vorbereitet.

Die größten Messen sind die CMT in Stuttgart (www.messe-stuttgart.de) im Januar und der Caravan Salon Düsseldorf (www.caravan-salon.de) im August. Interessante Regionalmessen sind im Februar die Reise und Camping in Essen (www.die-urlaubswelt.de), im November die Touristik & Caravaning (www.tc-messe.de) in Leipzig und Ende Januar/Anfang Februar die abf in Hannover (www.abf-hannover.de). Speziell in Stuttgart und Düsseldorf präsentieren sich die großen Anbieter von Hundewohnmobilen (www.4pfoten-mobile.de, www.waumobil.de, www.fellnasenmobil.de, www.hundecamper.eu, www.pfotencamper.de). Hinzu kommen Hersteller wie die Firma Dethleffs (www.dethleffs.de) aus Isny, die Hundepakete als Zubehör anbieten.

Damit der Besuch nicht zur Odyssee wird, sollte man sich auf der Homepage der Messe vorab über Aussteller und Lage informieren. Mit diesem »Fahrplan« geht man gezielt zu den Angeboten, die einen interessieren. Jede Messe hat inzwischen einen Online-Ticket-Service mit oftmals guten Rabatten. Allen, die bereits im Besitz eines Wohnmobils sind, sei gesagt, dass jeder Messeort über eine Übernachtungsmöglichkeit auf dem Messegelände verfügt.

Hersteller wie Vermieter buhlen mit speziellen Angeboten um die Gunst der Kunden. Bei der Vermietung sollte man solche Preise spontan nutzen. Ansonsten gilt, sich nicht unter Druck setzen zu lassen, alle seriösen Anbieter und Hersteller halten ihr Messeangebot bis zu zwei Wochen aufrecht. Die Messerabatte sind teilweise enorm und ziemlich sicher im Rest des Jahres an einem Handelsplatz vor Ort so nicht zu erzielen.

Besonders bei den großen Herstellern sollte man an der Information des Messestandes einen Berater aus seiner Nähe verlangen. Für die spätere Abwicklung oder bei eintretenden Garantiefällen hilft dies ungemein. Wohnmobilstell- und Campingplätze präsentieren sich ebenso. Hier kann man die Angebote auf ihre Hundefreundlichkeit prüfen.

05 Vorbereitung für die erste Tour

Der große Tag ist gekommen und die Jungfernfahrt steht an. Dabei spielt es keine Rolle, ob es das eigene oder das Mietmobil ist, denn es ist immer ein besonderer Moment. Bevor es ans Packen geht, sollte es einige Trockenübungen für Hund und Wohnmobilbesatzung geben.

Dem Hund wird es bestimmt schwerer fallen, sich mit der neuen Umgebung vertraut zu machen als uns. Vertrauen ist genau das richtige Stichwort, und so lässt man die Fellnase das neue Gefährt am besten zunächst in Ruhe beschnüffeln. Beim Einstieg dann sollte der Hund ein Gefühl von Sicherheit haben, was ihm das nötige Selbstvertrauen gibt. Je nachdem, wie man den Einstieg des Hundes vorgesehen hat – ob Rampe bei schweren Hunden, die Treppe bei kleineren oder Hinaufheben der Kleinsten –, sollte man den Hund entsprechend unterstützen, damit möglichst nichts schiefgeht. Springt der Hund selbst, sollte innen bereits Frauchen oder Herrchen warten und ihn mit einem Lob in Empfang nehmen.

Der Hund wird sich zunächst auch innen ausgiebig umschauen und seine Umgebung erschnüffeln. Schön ist, wenn er etwas Bekanntes, etwa seine Decke oder Körbchen, ein Spielzeug oder Ähnliches findet. Hat man eine bestimmte Stelle für ihn vorgesehen, sollte man diese sofort aufsuchen und ihm zu verstehen geben, dass dieser Platz nur für ihn ist. Welche Stelle auch immer, sie muss gut zugänglich sein und nichts sollte den Hund dort behindern oder stören. Ist sie z. B. unter dem Tisch, achtet man darauf, ihn nicht mit den Füßen beiseitezustoßen, da er sich sonst unerwünscht fühlt.

Ist ein spezieller Platz während der Fahrt für ihn vorgesehen, weil hier z. B. ein Anschnallpunkt ist, muss der Hund ihn von Beginn an nutzen. Genauso wichtig ist der Ruhe- oder Schlafplatz, falls das Wohnmobil aufgrund der Größe nur einen zulässt. Schläft der Hund zu Hause in Ihrer Nähe, sollte dies auch im Wohnmobil ermöglicht werden. Aufgrund des Platzangebotes sollte dies aber kein Problem sein.

Auch wenn es sich etwas übertrieben anhört, eine Probenacht vor der eigenen Haustür kann sinnvoll sein, denn der erfolgreiche Erstkontakt ist die Basis für das Vertrauen des Hundes in das neue Zuhause und Reisegefährt.

Vertrauter Duft der Schuhe, hier fühle ich mich wohl!

Hier ist aber viel Platz!

Es geht los –
die Jungfernfahrt

Der Tag X ist gekommen und es geht los auf die erste gemeinsame Tour. Für den Hund ist dieser Augenblick mindestens so aufregend wie für die menschliche Besatzung. Ist der Hund ein guter Autofahrer, wird es ihm an Bord des Wohnmobils gut gefallen, zumal das Platzangebot meist größer sein wird als im Pkw.

Egal ob eigenes Wohnmobil oder Mietmobil, am Anfang sollten Sie sich nicht überfordern. Wer mit seinem Wohnmobil bereits am selben Tag oder nächsten Morgen die Fähre erreichen muss, setzt sich unnötig unter Druck. Es können technische Probleme auftreten, mit denen man so nicht gerechnet hat, ganz abgesehen von den üblichen Staus oder Verspätungen. Besonders moderne Wohnmobile verfügen über viel Equipment, mit dem man vielleicht noch nicht so vertraut ist. Man glaubt nicht, wie viele Wohnmobilisten vor der ersten Fahrt nicht in die große Tasche mit der schätzungsweise drei Kilo schweren Bedienungsanleitung geschaut haben.

Die erste Übernachtung sollte man möglichst den häuslichen Schlafbedingungen anpassen, das heißt, wer nicht in der Nähe einer Bundesstraße wohnt, sollte auch nicht an einer solchen nächtigen. Optimal ist ein ruhiger, naturnaher Ort, wo man mit dem Hund eine schöne Gassi-Runde drehen kann. Gerade in den Internetforen der verschiedenen Wohnmobil-mit-Hund-Chats erhält man nützliche Tipps.

Ist der Hund an einen bestimmten Futterrhythmus gewöhnt, sollte man diesen auch in den ersten Tagen einhalten. Im Lauf der Tour wird das entsprechend den Freizeit- und Urlaubsgepflogenheiten angepasst. Hat man einen festen Platz erreicht und es sich vor dem Wohnmobil gemütlich eingerichtet, wird der Hund bestimmt auch gern mal draußen gefüttert. Ebenso gehört es dazu, den Hund – egal ob Camping, freies Stehen oder Wohnmobilstellplatz – zunächst an der Leine zu lassen, bis er seine entsprechende Sicherheit gefunden hat. Man darf nicht vergessen, er ist ja nicht in der gewohnten und bekannten Umgebung.

Ob und wann man den Hund allein im Wohnmobil lässt, entscheidet natürlich jeder für sich selbst. Das Verhalten des Hundes kann man gut beobachten, indem man selbst vor der Tür ist (weitere Tipps dazu siehe Kapitel 23).

Das Wohnmobil-Reiseland Nummer eins

Wozu in die Ferne schweifen … wenn das Gute ist so nah! Deutschland ist und bleibt unangefochten das Lieblingsreiseziel der Wohnmobilfahrer aus der Heimat. Mehr als 3000 Wohnmobilstellplätze und 700 Campingplätze sprechen eine deutliche Sprache. Kaum ein Fleck, den die mobilen Camper nicht erobert haben.

Und kaum ein Landstrich, der seine mobilen Gäste nicht willkommen heißt, denn der Camper ist ein gut zahlender Tourist, auf den so manches Örtchen nicht mehr verzichten kann und will. Unkomplizierter kann eine Reise nicht sein, das gilt auch für die Hundefreunde. Im Heimatland gelten die gleichen Bedingungen wie im gewohnten Zuhause und es gibt keine besonderen Impfungen, keine Sprachbarrieren und auch das Futter ist nahezu überall verfügbar.

Deutschland ist darüber hinaus ein vergleichsweise günstiges Reiseland, sicher mit ein Grund, warum so viele Wohnmobiltouristen aus dem europäischen Ausland ihren Urlaub hier verbringen. Eine ähnliche bzw. noch größere Auswahl an Wohnmobilstellplätzen bieten eigentlich nur Frankreich und Italien. Besonders Urlauber aus der Schweiz, den Beneluxstaaten, Österreich, Skandinavien oder von den Britischen Inseln fühlen sich bei uns wie im Schlaraffenland! Denn ja, liebe Wohnmobilfreunde, es ist so: Unsere in den vergangenen Jahren entstandene »Geiz ist geil«-Mentalität ist in anderen Ländern lange nicht so ausgeprägt.

Deutschland ist ein vielseitiges Reiseland und es gibt viel zu entdecken; ob Nordsee oder Allgäuer Alpen, Ostsee oder Pfälzer Weinberge, dazwischen Mittelgebirge und einmalige Flusslandschaften wie Rheintal oder Mosel. Es gibt alte Kulturlandschaften, faszinierende Naturparks wie Eifel und Schwarzwald, attraktive Grenzregionen und unzählige Freizeitangebote für alle Altersklassen.

Man kann heute problemlos mit acht Wohnmobilen aus acht Nationen auf dem Stellplatz stehen und einen unvergesslichen Abend erleben. Denn auch unsere Gäste bringen häufig ihre Vierbeiner mit und treten dabei gern mit uns in Kontakt. Sie fühlen sich sehr sicher und rundum gut versorgt. Das sollte uns ein wenig stolz machen, denn Gastgeber zu sein, ist ein schönes Gefühl und Deutschland ist eben »en vogue«.

Idylle auf dem Wohnmobilstellplatz in der Eifel

Wichtig ist auch ein Blick hinter die Kulissen.
Die Auswahl ist groß und jeder findet das Seine.

Welcher Grundriss soll es sein?

Der Hund fühlt sich wohl, wenn Herrchen und Frauchen sich wohlfühlen. Das ist doch schon mal eine gute Information, denn dem Hund ist es wirklich egal, ob er im Campervan, einem teilintegrierten, einem integrierten oder einem Alkoven-Wohnmobil unterwegs ist.

Wichtig für das Wohnmobilteam ist, dass alle ausreichend Platz haben und man sich nicht gegenseitig im Weg ist oder gar die Plätze streitig macht. Hunde bis zu fünf Kilo und einer Höhe von 25 Zentimetern sind nahezu zu vernachlässigen. Sie finden eigentlich überall ihren Lieblingsplatz, manchmal sogar mehrere. Natürlich spricht nichts dagegen, dem Hund einen gemütlichen Platz auf einem Sitz zu überlassen. Vor allem Hunde, die zu Hause ebenfalls auf erhöhter Stelle liegen, werden dies wohlwollend zur Kenntnis nehmen. Für die Fellnasen ist es immer spannend, möglichst viel mitzubekommen, womöglich sogar aus dem Fenster schauen zu können.

Aus Größe und Anzahl der vierbeinigen Begleiter ergibt sich die Frage des Grundrisses also eher für die Eigentümer. Wer z. B. mit zwei Exemplaren der Gewichtsklasse 30 Kilo unterwegs ist, wird einen Teil der Garage mit Durchgang zum Innenraum als absoluten Luxus schätzen lernen. Da liegen die Hunde nicht in der Küche oder im Einstiegsbereich umher und werden so schon mal nicht zur Stolperfalle. Mit Ausnahme der Campervans verfügen heute eigentlich alle Grundrisse über Garagen verschiedener Höhe. Besonders die Bettenvarianten Heckbett quer und Längseinzelbetten sind heute auf die Onboard-Mitnahme von Fahrrädern spezialisiert und bieten damit zum Teil riesige Flächen, die sich sogar aufteilen lassen.

Wer hat nicht schon mal einen Bernhardiner oder Neufundländer gesehen, der eine Garage bewohnt? Ausgestattet mit Lüftungsschlitzen und Fenster ist das ein perfekter Ort, der mittels einer angelegten Rampe gelenkschonend erreicht wird. Und nicht eben selten entdeckt man kleine vierpfotige Lieblinge, die auf einem Kissen auf der Ablage in der Frontscheibe eines integrierten Wohnmobils thronen – oftmals zur Freude der vorbeigehenden Spaziergänger. Doch bei allem sollte man nicht vergessen: Wie der Mensch möchte auch der Hund möglichst viel Zeit bei schönem Wetter vor der Tür verbringen.

09

Wie viel Hund darf es sein?

Nicht allzu ungewöhnlich ist die folgende Anfrage in der Facebook-Gruppe »Camping mit Hund«: »Wir sind mit unserem teilintegrierten Wohnmobil und vier Golden Retrievern unterwegs, wer hat einen Tipp für einen schönen Stellplatz mit Badestelle?«

Da entbrennt schnell eine Diskussion mit den üblichen Kommentaren: »Wie schafft man das denn überhaupt! O Gott, die viele Arbeit!«, oder: »Dafür ist doch gar kein Platz!« Mir stellt sich da die Frage, ob es Außenstehenden überhaupt zusteht, darüber zu urteilen. Anzahl und Größe der Hunde ist in meinen Augen nicht das Entscheidende. Denn wie oft erlebt man auf einem Camping- oder Stellplatz Hundebesitzer, die ihren einen kleinen Terrier nicht im Griff haben, worauf dieser die ganze Nachbarschaft mit lautem Gebelle unterhält. Im Gegensatz dazu liegen womöglich die drei Berner Sennenhunde ein Wohnmobil weiter ganz entspannt in der Sonne, dösen vor sich hin oder beobachten das rege Treiben ringsum.

Das soll verdeutlichen, dass letztlich die Hundehalter für die Erziehung und Organisation ihrer Hunde verantwortlich sind. Ich selbst zolle auf meinen Reisen jedem meinen Respekt, der mit mehreren und noch dazu größeren Hunden unterwegs ist und dies souverän meistert. Im 21. Jahrhundert müssten alle so viel Gelassenheit und Toleranz an den Tag legen, dem anderen seinen Spaß zu gönnen. Sollte es aber einen Anlass zur Beschwerde geben, ist es selbstverständlich wichtig, den Nachbarn darauf anzusprechen und die Unstimmigkeiten aus dem Weg zu räumen. Denn es gibt nun mal Menschen, die es beispielsweise gar nicht lustig finden, wenn ein unangeleinter Hund plötzlich in ihrer Wohnmobiltür steht. Klar, dass ihre Akzeptanz gegenüber Hundehaltern dann schwindet.

Wir hundeliebenden Wohnmobilfahrer betreiben alle das gleiche schöne Hobby. Wir genießen es, gemeinsam mit unseren Tieren die Welt zu erleben, lieben die Freiheit und Individualität. Toleranz und gegenseitige Rücksichtnahme gewährleisten größtmögliches Vergnügen für alle. Nicht zu vergessen: Es gibt Menschen, die aufgrund schlechter Erfahrungen Berührungsängste mit Hunden haben. Überzeugen wir sie einfach vom Gegenteil, ganz gleich, wie groß unser Begleiter ist!

So findet auch der Ungeübte Vertrauen.

Bei so herrlicher See fühlt man sich »pudelwohl«.

Mit Hund auf der Fähre

Unabhängig von den unterschiedlichen Einreisebestimmungen für Haustiere, auf die wir beim jeweiligen Reiseland noch individuell eingehen werden, wird der Tag kommen, an dem man auf Reisen in Europa um die Nutzung einer Fährverbindung nicht herumkommt.

Skandinavische Länder lassen sich auf Umwegen auch auf dem Landweg ansteuern, doch wer auf die Britischen Inseln, nach Sardinien oder Korsika möchte, wird dies ohne Fähre nicht schaffen. Es gibt kurze Verbindungen, wie den Ärmelkanal nach Großbritannien, wo der Hund gar nicht an Deck darf und für 90 bis 120 Minuten unter Deck im Wohnmobil verweilen muss. Wer dies auf keinen Fall möchte, kann hier alternativ die Zugverbindung unter Wasser wählen und gemeinsam mit dem Hund im Fahrzeug bleiben. Für die längeren Verbindungen besteht Kabinenpflicht und es gibt spezielle Haustierkabinen, die man mit seinem Hund buchen muss. Die Hunde dürfen nicht auf die Personendecks, aber es gibt eigens eine Auslaufzone auf dem Außendeck, wo die Hunde Gassi gehen können.

Auf den Fährstrecken nach Skandinavien besteht ebenso zum Großteil Kabinenpflicht, mitunter werden Hunde auch in Transportboxen untergebracht und dürfen ebenfalls auf kein Personendeck. Es gibt aber auch Verbindungen, wo Hunde nicht extra gebucht werden müssen und nur beim Check-in angemeldet werden.

Auf den südlichen Verbindungen nach Griechenland, Sizilien, Korsika oder Sardinien ist die Mitnahme von Haustieren grundsätzlich erlaubt. Im Sommer gibt es auch Angebote mit Camping an Bord. Hund und Mensch sind hier gemeinsam im Wohnmobil auf einem teiloffenen Deck.

Egal, ob die Reise nach Großbritannien, Schweden über Dänemark, auf die deutschen Inseln oder die Insel Elba geht, mit Hund bedarf es bei längeren Strecken ein bisschen Planung. Immer gilt: Eine Fährüberfahrt bedeutet eine gewisse Einschränkung für den Hundehalter, die er natürlich gern für seinen Liebling in Kauf nimmt. Zuletzt sei noch gesagt: Die Seekrankheit kann Tier und Mensch gleichermaßen treffen. Dagegen können Herrchen und Hund nahezu die identischen Mittel nehmen.

11 Mit Hund unterwegs in Europa

Die allgemeinen Einreisebestimmungen für Haustiere innerhalb der EU hören sich sehr bürokratisch an, und das sind sie auch. Leider kann man diese Gesetzestexte nicht schöner verpacken oder interessanter gestalten, sondern sie müssen im EU-Beamten-Slang zur Kenntnis genommen werden.

Bei unseren Reisetipps in verschiedene Länder der EU werden spezifische Bedingungen selbstverständlich nochmals gesondert aufgeführt. Hier sollen die allgemeinen Richtlinien genannt werden; Grundlage für die erleichterten Reisebedingungen für Heimtiere (Hunde, Katzen, Frettchen) ist die Verordnung (EU) Nr. 576/2013.

Voraussetzung für die Einreise mit eigenen Hunden, Katzen oder Frettchen in andere EU-Länder sind der EU-Heimtierausweis, eine gültige Tollwutschutzimpfung und die Kennzeichnung der Tiere durch einen Mikrochip. Eine Kennzeichnung mittels Tätowierung wird seit Juli 2011 nicht mehr anerkannt, es sei denn, diese wurde vor dem 3. Juli 2011 vorgenommen und ist eindeutig lesbar. Ausgestellt werden darf der EU-Heimtierausweis nur vom niedergelassenen Tierarzt. Wichtig ist, dass er vollständig ausgefüllt ist und die Kennzeichnung (vor- oder gleichzeitig) mit der gültigen Tollwutschutzimpfung erfolgt ist.

Gegen Tollwut können Welpen frühestens ab einem Alter von zwölf Wochen geimpft werden. Diese erste Impfung muss mindestens 21 Tage vor dem Grenzübertritt durchgeführt werden. Der Gültigkeitszeitraum, den der Impfstoffhersteller für eine Wiederholungsimpfung angibt und der vom Tierarzt in den Heimtierausweis eingetragen wird, darf nicht überschritten sein. Bei der Ein- und Durchreise von Welpen gestattet Deutschland keine Ausnahmen mehr. Für Welpen gelten jetzt die gleichen Bedingungen wie für erwachsene Tiere, d. h. ein Welpe kann frühestens mit 15 Wochen nach Deutschland eingeführt werden (zwölf Wochen plus 21 Tage). Das gilt ebenfalls für Belgien, Frankreich, Großbritannien, Irland, Italien, Luxemburg, die Niederlande sowie Schweden – diese Info ohne Gewähr. Wenn Sie auf Ihrer Reise in ein anderes EU-Mitgliedsland einen noch nicht gültig gegen Tollwut geimpften Welpen mitnehmen möchten, informieren Sie sich vorher unbedingt bei Ihrem zuständigen Veterinäramt, ob Ihr Reiseland hierfür Ausnahmeregelungen vorgesehen hat.

Die bisherigen EU-Sonderregelungen für Reisen mit Hunden, Katzen und Frettchen ins Vereinigte Königreich (Großbritannien und Nordirland), nach Irland, Schweden und Malta sind Ende 2011 ausgelaufen. Seit dem 1. Januar 2012 braucht der Reisende mit Hund, Katze bzw. Frettchen wie bei den anderen EU-Ländern nur noch eine gültige Tollwutschutzimpfung vorzulegen; der Nachweis eines Tollwuttiters entfällt. Auch die Durchführung einer Zeckenbehandlung wird nicht mehr verlangt.

Für die Echinococcus-freien Länder Großbritannien, Nordirland, Irland, Malta, Finnland und das »Drittland« Norwegen (kein EU-Mitglied) ist eine Bandwurmbehandlung weiterhin vor der Einreise vorgeschrieben. Die Behandlung ist frühestens 120 Stunden (fünf Tage) und spätestens 24 Stunden vor dem Zeitpunkt der geplanten Einreise von einem Tierarzt vorzunehmen. Die Behandlung ist von diesem Tierarzt in der entsprechenden Rubrik des Heimtierausweises mit Angabe der Uhrzeit zu bescheinigen.

Alle genannten Bestimmungen gelten für Reisende, die im Besitz ihres eigenen Hundes sind, nicht aber für fremde Hunde, die man einführt.

Alles beachtet? Los geht's!

Blick über den Comer See

Beliebtes Reiseland Italien – Traumziel in Europa 1

Nicht ohne Grund zählt Italien unter Wohnmobilfahrern zu den beliebtesten Reiseländern. Abwechslungsreiche Landschaften und eine gute Stellplatz-Infrastruktur machen es der Wohnmobilbesatzung einfach, das Land zu erkunden oder an gezielten Punkten einen erholsamen Urlaub zu verleben.

Sicherlich ist die Qualität der Stell- und Campingplätze nicht so gut wie in Deutschland, aber es gibt verteilt über das Land viele örtliche Angebote. Dabei präsentieren sich Landstriche wie Südtirol oder Kalabrien so unterschiedlich, wie es nur geht. Südtirol ist in puncto Natur und Freizeitgestaltung mit Hund etwas ganz Besonderes und bietet eine faszinierende Bergwelt ebenso wie wunderschöne Täler mit ausgeprägten Flusslandschaften. An allen Campingplätzen ist in der Stellplatzgebühr die Südtirol Card enthalten, welche die kostenlose Nutzung der öffentlichen Verkehrsmittel erlaubt. Hunde dürfen nach Herzenslust mitgenommen werden, was den Aktionsradius erheblich erweitert.

Adria und Mittelmeer bieten die typischen Möglichkeiten, um die Tage am Wasser zu verbringen. Im Landesinneren mit Regionen wie Toskana, Basilikata oder Marken finden sich noch Gegenden ohne Touristenströme, die es zu entdecken gilt. Wer viel Zeit hat (ab drei Wochen), sollte Italiens Süden mit Kalabrien und Apulien für sich erforschen. Besonders in Apulien wird man viele einsame Strandabschnitte finden, wo sich Hunde ohne jede Einschränkung austoben können.

Die Bestimmungen für die Einreise mit Hund sehen einen EU-Heimtierausweis und Mikrochip-Kennzeichnung vor sowie eine gültige Tollwutimpfung (mindestens 21 Tage alt). Italien behält sich vor, die Einreise von Jungtieren bis zu zwölf Wochen bis auf Weiteres zu untersagen. Welpen dürfen erst ab einem Alter von 15 Wochen und mit gültiger Tollwutimpfung einreisen. Je nach Größe des Hundes sollte ein Maulkorb im Urlaub dabei sein, z. B. für den Fall, dass öffentliche Verkehrsmittel genutzt werden. Ansonsten sind immer auch die allgemeinen Einreisebestimmungen für Hunde innerhalb Europas bzw. den EU-Ländern zu beachten. Und nicht vergessen: Hundeitalienisch für Anfänger.

13 Wahl des Wohnmobil-stellplatzes

Welcher Stellplatz ist der richtige, ganz besonders für den Hund?
Die Antwort ist natürlich immer von vielen Faktoren abhängig, die
man sicher selbst am besten kennt. Und dennoch kann man sich mit
neuen Denkansätzen vielleicht auch einmal anders entscheiden –
probieren Sie es aus!

Aus Hundeperspektive ist eines ganz klar: Ideal ist es, bei einem Stopp möglichst schnell im Grünen zu sein. Der Hund wird aus seiner »Gefangenschaft« erlöst, kann sich zügig erleichtern und am besten gleich noch austoben. Besonders Hunde, die den freien Auslauf lieben, werden es mit freudigem Gesichtsausdruck danken. Doch auch für uns Hundebesitzer ist das letztlich eine tolle Sache, die zur schnellen Entspannung beiträgt; schließlich möchte auch der Fahrer oder die Fahrerin nach mehreren Stunden am Steuer ein wenig Ruhe genießen. Oft bietet es sich an, den Hund dann gleich noch zu füttern, um im Anschluss stressfrei zu kochen oder entspannt auswärts zu speisen.

Für derartige Freizeitgestaltungen, die meist am späten Nachmittag beginnen, eignen sich nach meiner Erfahrung stadtnahe Plätze an Flussufern. Wer aber nur über das Wochenende einen Ausflug in unbekannte Regionen plant, sollte immer auch einen Ausweichplatz vorsehen. Man weiß ja nie, ob der auserwählte Standort vielleicht voll oder doch nicht so schön ist, wie er laut Empfehlung sein sollte. Sonst gilt eigentlich immer: Je schneller sich Hunde wohlfühlen, desto besser für alle. Sind dann für sie noch einige Spielkameraden vor Ort, ist das Glück perfekt.

Auch ein gelungener Einstieg in den neuen Reise- oder Aufenthaltstag ist wichtig für die entspannte Fahrt bzw. den neuen Abenteuertag. Ich nutze die morgendliche Gassi-Runde beispielsweise gern, um die »Crew« auf diesem Weg mit frischem Backwerk zu verwöhnen. Wenn sich die selbige mal nicht einig ist, wo das nächste Etappenziel hinführt, bringt die Variante Losverfahren oft die schönsten Überraschungen. Jeder schreibt seinen Favoriten auf einen Zettel, der anschließend aus dem »Hut« gezogen wird. Vielleicht kann ja sogar der Vierbeiner Losfee spielen und die nächste Etappe bestimmen.

Auch der Hund zeigt, wo er sich wohlfühlt.

14 Das muss mit – Packliste für den Hund

Das Reiseziel steht fest und nun geht es daran, das Richtige einzu-packen und nach Möglichkeit nichts zu vergessen. Wir haben die passende Liste aller Dinge, die man an Bord haben sollte, um den Urlaub von Vierbeiner und Mensch so entspannt wie möglich zu gestalten.

Immer mit dabei: die Reiseunterlagen für den Hund. Sie sollte man vier Wochen vor der Reise zusammensuchen und am besten immer im Wohnmobil mitführen:

- EU-Heimtierausweis
- Einreisedokumente
- Zusätzliche Hundemarke mit Urlaubsadresse, Reisezeitraum und Mobilnummer
- Nachweis der Haftpflichtversicherung des Hundes (Kopie) und Versicherungsnummer
- Hundekrankenversicherung, falls vorhanden
- Reservierungsbestätigung oder Anmeldung des Hundes auf einem Campingplatz

Für Sicherheit, Pflege und Spaß, damit sich der Hund auch in ungewohnter Umgebung wohlfühlt, packt man außerdem ein paar Dinge ein, die der Hund kennt. Mit folgender Aufstellung sollten fast alle Ansprüche erfüllt werden und jeder entscheidet für sich selbst, was sein Hund individuell benötigt:

- Hundebett, das Lieblingsspielzeug und eine Extraportion Leckerlis
- Wenn nicht im Camper vorhanden: Hunde-Transportbox oder Sicherheitsgeschirr
- Hundegeschirr oder Halsband
- Hundeleine bzw. Schleppleine (möglicherweise herrscht Leinenpflicht am Urlaubsort)
- Lieblingsdecke oder Körbchen
- Extra-Bettbezug (falls Ihr Hund heimlich in Ihrem Bett im Camper schläft)
- Laken/Decken für die Sitze oder den Boden im Camper
- Handtuch, das innen z. B. unter den Wassernapf gelegt wird

- Hundefutter (auch wenn man Nachschub kaufen kann, freut sich der Hund auch im Urlaub über etwas Gewohntes)
- Barfer benötigen eine zusätzliche Kühlmöglichkeit oder kaufen unterwegs frisch
- Dosenöffner
- Wassernapf und Futternapf
- Mit Wasser gefüllte Flaschen für unterwegs, die man in den Trinknapf füllt, oder spezielle Hundetrinkflasche
- Leckerlis und Kauknochen (diese sind lecker und reduzieren den Druck auf den Ohren bei Fahrten ins Gebirge)
- Haltevorrichtung vor dem Wohnmobil für die Hundeleine
- Handtücher, um den Hund abzutrocknen
- Hundebürste oder Kamm (speziell in warmen Ländern haaren Hunde mehr)
- Spielzeug (sorgt auch im Urlaub für gute Laune)
- Kotbeutel und ggf. Schaufel
- Maulkorb (in manchen Ländern Vorschrift)
- Sonnenschutz gegen Hitze oder einen Hundemantel gegen Kälte
- Schwimmweste bei Urlaub am Meer oder geplanten Bootstouren
- Hundeschuhe zum Schutz der Pfoten bei intensiveren Wandertouren

Das muss auch noch mit!

Gut gesichert kann der Hund vorne liegen.

Sicherheit – so reist die Fellnase richtig

Für den Schutz aller Reisenden ist es unerlässlich, dass der Hund oder gar die Hunde während der Fahrt im Wohnmobil richtig gesichert werden. Ein unsachgemäßer Transport kann bei Bremsmanövern für alle unabsehbare und sogar lebensgefährliche Folgen haben.

Was viele nicht wissen: Bei einem ungesicherten Hund im Fahrzeug drohen bei einer Kontrolle ein Bußgeld von bis zu 80 Euro und ein Punkt in Flensburg. Das gilt natürlich nicht nur auf deutschem Boden, sondern auch im europäischen Ausland. Im Vordergrund steht hier das Thema Sicherheit. Zum einen wird so verhindert, dass der Hund als Stolperstein im Weg liegt oder dem Fahrer womöglich unverhofft auf den Schoß springt, was zu Unfällen führen kann. Zum anderen wird der Hund bei einem möglichen Aufprall nicht zu einem unberechenbaren Geschoss, das sich und andere erheblich verletzen kann. Denn selbst einen nur fünf Kilo schweren Hund hält man bei einer Vollbremsung, und sei es nur bei 50 km/h, nicht in den Armen fest. Auch vermeidet man, dass verwirrte Hunde nach einem Unfall auf der Straße umherlaufen und im schlimmsten Fall überfahren werden. Es gab sogar Fälle, in denen Hunde nach einem Crash den Rettungskräften den Zutritt zum Wohnmobil verweigerten!

Trotz dieser Regelung muss die geliebte Fellnase selbst auf den Lieblingsplatz zwischen Beifahrer- und Fahrersitz nicht verzichten. Gerade an den Sitzkonsolen lassen sich sehr gut Leinenhalterungen anbringen. Einige Hersteller wie die Firma Dethleffs haben mittlerweile Sicherungsvarianten ab Werk entwickelt. Es gibt auch Hundekissen, die der Fläche unter dem Tisch angepasst werden und einen Befestigungspunkt auf dem Boden haben. Hunde, die sich auf der Sitzbank am wohlsten fühlen, kann man wunderbar mit einem Geschirr versehen und mittels Adapter am Gurtschloss sichern. Einige Tage geübt und praktiziert, wird der Hund seine neue Position von ganz allein einnehmen, sobald er das Wohnmobil betritt. Wer handwerklich nicht so geschickt ist, sollte den Händler seines Vertrauens ansprechen, der findet bestimmt eine gute Lösung für den Vierpfoter.

Noch ein kleiner Tipp: Gardinen im Wohnmobil zieht man während der Fahrt beiseite – so bekommt der neugierige Hund auch etwas zu sehen.

16 Medizinische Versorgung – Reiseapotheke

Hund und Mensch sind sich anatomisch viel näher, als man gemeinhin denkt. Wenn wir mal ein Stück auf allen vieren laufen, sehen wir schnell, dass Muskeln, Gelenke und Organe nahezu an den identischen Positionen verharren.

Es gibt ja Hunde, die man aufgrund ihres Bewegungsdrangs durchaus als Leistungssportler bezeichnen kann. Warum sollten sie als solche also nicht eine Muskelzerrung bekommen können? Auch erkälten können sich Hunde und benötigen dann einen Schal oder Tropfen für die Atemwege – genau wie wir Menschen. Bei kleineren Übeln wie Magenschmerz, Erkältung oder muskulären Problemen unterscheidet sich die Medikation kaum. Spricht man diesbezüglich den Apotheker seines Vertrauens an, wird man oft die gleichen Arzneimittelempfehlungen erhalten, die für uns Menschen gelten. Besonders homöopathische Mittel sind für Hunde sehr gut verträglich. Die Dosierungen erfolgen wie bei Kleinkindern nach Gewicht.

Je nach Reiseziel sollte man rechtzeitig den Tierarzt befragen, um Impfungen oder Prophylaxen zu planen. In die Reiseapotheke für den Hund gehören folgende Dinge hinein:
• Medikamente, die der Hund eventuell regelmäßig braucht
• Mittel gegen Übelkeit und Durchfall
• Wundheilsalbe für Kratzer und rissige Pfoten
• Zeckenschutz (Halsband oder Spot-on-Präparat)
• Verbandsschere und Verbandsmaterial
• Fieberthermometer, Einweghandschuhe
• Maulkorb oder Maulbinde zum eigenen Schutz bei Verletzungen
• Desinfektionsmittel, Sonnencreme

Fertige Reiseapotheken für den Urlaub mit Hund bietet auch der Tierfachhandel an. Vergessen Sie nicht, die Telefonnummern des Haus- und auch Tierarztes mitzunehmen, das kann im Ausland eine gute Hilfe sein.
Natürlich gibt es noch die Liste für Frauchen und Herrchen (selbstverständlich darf man sich gegenseitig mit den Zutaten aushelfen):

- Paracetamol gegen Fieber und Gliederschmerzen
- Kopfschmerztabletten und Hustensaft
- Buscopan gegen Bauchschmerzen oder Magenkrämpfe
- Kohletabletten bei Durchfall
- Movicol-Pulver oder Dulcolax-Tropfen bei Verstopfung
- Sportgel gegen Verstauchungen oder Muskelprobleme
- Augentropfen, z. B. Euphrasia, gegen Reizungen
- Gel oder Salbe gegen Insektenstiche
- Hydrocortisonsalbe für kleinere Entzündungen

In Europa ist die medizinische Versorgung sowohl für Menschen wie auch für Hunde als sehr gut zu bezeichnen. Jede Campingplatzrezeption hält entsprechende Nummern bereit. Sind sie auf dem Stellplatz mittels Aushang nicht verfügbar, fragt man am besten im Rathaus oder bei der Polizei. Nicht vergessen: Camper helfen einander! Wer z. B. Verständigungsprobleme hat, kann den Nachbarn um Hilfe bitten.

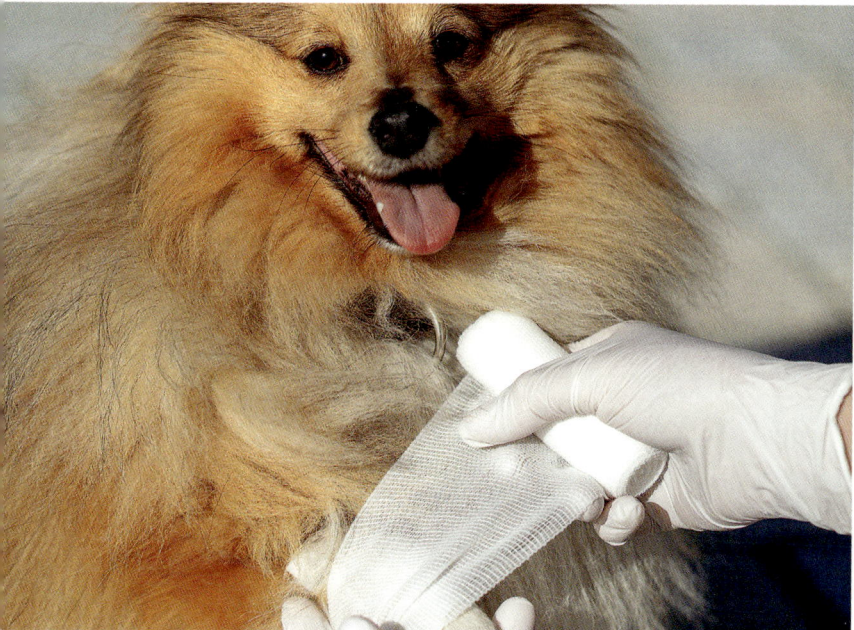

Immer mal notwendig: Erste Hilfe

Großzügiges Stehen auf dem Campingplatz

Wohnmobil und Campingplatz

Ob nur für eine Übernachtung oder den erholsamen Urlaub: Der Campingplatz ist der Klassiker seit mehr als 60 Jahren. Bevor man den Platz seiner Wahl ansteuert, ist zunächst die wichtigste Frage zu stellen: »Sind Hunde erlaubt?« Nein? Dann eben nicht.

Glücklicherweise sind diese Campingplätze in der Minderzahl oder haben zumindest den Platz in verschiedene Abschnitte unterteilt. Andere Betreiber wiederum haben die Gebühr für sich entdeckt. So können einem schon mal Hundetarife von sechs Euro und mehr von der Preisliste entgegenleuchten, nach dem Motto: »Hunde sind bei uns willkommen – vor allem als zahlende Gäste!« Eine Haustiergebühr von zwei oder drei Euro hat sich inzwischen etabliert und wird durchgehend akzeptiert, besonders wenn es extra Auslaufflächen oder sogar Kotbeutelspender gibt. Doch viele Campingplatzbesitzer heißen den Hund und speziell Frauchen und Herrchen als guten Gast herzlich willkommen.

Ein entspannter Campingplatzaufenthalt kennzeichnet sich dadurch, dass die Hunde Zeit haben, sich einzugewöhnen und ihre Umgebung kennenzulernen. Man richtet sich nett ein, braucht nicht gleich alles wieder zu verstauen und schließt die eine oder andere Freundschaft beim Spaziergang. Das Ganze kann sich so komfortabel entwickeln, dass die Fellnase sogar mal bei den Nachbarn bleibt, während man selbst die Wellnessoase oder ein Museum besucht. Einige Campinganlagen haben sogar angeschlossene Hundeschulen oder einen Agility-Parcours, wo man sich wunderbar gemeinsam beschäftigen kann. Auch eine Hundedusche ist oft kein Fremdwort mehr.

Oberstes Gebot: Prüfen Sie bei Ankunft die freien Stellplätze bei einem Rundgang. Zum einen stört man niemanden mit unnötigem Umherfahren und zum anderen kann man sehen, wer der künftige Nachbar wird oder ob einem der Ausblick auch wirklich zusagt. Dieses System ist besser, als am nächsten Tag wieder umzuziehen. Bei der Preisgestaltung sind wassernahe Plätze immer etwas teurer bzw. besser besucht. Durchschnittlich 27 Euro werden für zwei Personen mit Wohnmobil, Strom und Hund fällig. Ein Jahresdurchschnittspreis, der durch den Einsatz von Campingkarten variiert.

Abwechslungsreiches Frankreich – Traumziel in Europa 2

Das Landesinnere mit Dordogne, Loiretal, der Ardèche, dem Elsass und der Alpenregion. Das Languedoc, die Provence, die Côte d'Azur am Mittelmeer sowie die Normandie und die Bretagne an den Küsten des Atlantiks – allein in dieser unvollständigen Aufzählung steckt das Potenzial für 20 Wohnmobilreisen.

Selbst im Dezember kann man noch bei angenehmen Temperaturen mit dem Hund am Mittelmeerstrand entlanglaufen – so ganz ohne Menschenauflauf und Beschränkung ist das ein großer Spaß für alle. Überhaupt ist das Camperland Frankreich als hundefreundlich einzustufen. Nur leider nimmt es der Franzose mit dem Aufsammeln der Hinterlassenschaften nicht so genau. Durch die vielen kostenlosen Wohnmobilstellplätze und »Camping Municipal« wird Frankreich auch kostentechnisch attraktiv. Sicherlich darf man hier nicht die deutsche Perfektion erwarten. Aber dafür sind wir ja bei unseren Nachbarn unterwegs: um etwas anderes zu erleben und die französische Lebensart samt köstlicher Küche zu genießen.

Wer kein Fan der Autobahngebühr ist, kann auf die kostenfreien Nationalstraßen ausweichen. Die »Routes nationales« sind meist sehr gut ausgebaut und verlaufen oft parallel zur Mautstrecke. Für Tagestouren bis 150 Kilometer eine echte Alternative und auf so manchem Abstecher entdeckt man sowieso die spannendsten Überraschungen.

Die Franzosen sind sehr gastfreundlich und besonders die jüngere Generation sehr hilfsbereit, auch wenn man ihrer Sprache nicht ganz so mächtig ist. Wer die Kosten klein halten will, gönnt sich für 29 Euro das Angebot »France Passion« und nächtigt ein Jahr kostenfrei auf den mehr als 600 teilnehmenden meist landwirtschaftlichen Betrieben, wo auch zu 90 Prozent Hunde willkommen sind.

Zu den Naturattraktionen zählen die Schluchten Gorges du Tarn und Gorges du Verdon. Es ist ein Erlebnis, sie zu durchfahren. Und an den Küsten des Mittelmeers finden sich unzählige Camping- und Stellplätze, die das Zeug haben, aus einem Zwischenstopp einen mehrtägigen Aufenthalt erwachsen zu lassen. Wenn man morgens gemeinsam mit dem Hund bei Sonnenaufgang am Strand sitzt, weiß man, dass man bleiben will.

Bei der Ein- und Durchreise mit Hund benötigt man in Frankreich einen EU-Heimtierausweis, eine Mikrochip-Kennzeichnung sowie eine gültige Tollwutimpfung (mindestens 21 Tage alt). Im Impfpass muss angegeben sein, wann die Auffrischungsimpfung notwendig ist. Bei den Vorschriften bezüglich der Einreise »gefährlicher« Hunderassen unterscheidet Frankreich zweierlei Kategorien:

• **Hunde der 1. Kategorie:** Frankreich untersagt die Ein- und Durchreise von sogenannten Kampfhunden der Rassen Pit Bull (Staffordshire Terrier, American Staffordshire Terrier), Boerboel (Mastiff) und Tosa, wenn sie in keinem vom internationalen Hundeverband zugelassenen Stammbuch eingetragen sind. Ebenso gehören Hunde, die Ähnlichkeit mit diesen Rassen haben, zu dieser Kategorie.

• **Hunde der 2. Kategorie:** Dazu zählen Hunde der ersten Kategorie mit Stammbuch, außerdem Rottweiler und Hunde, die mit dem Rassehund Rottweiler vergleichbar sind; sie benötigen kein Stammbuch. Da Hund und Halter aber diverse Nachweise wie Eignungsnachweis, Verhaltensbegutachtung, Besitzgenehmigung (diese ist mit einem Wohnsitz in Frankreich verbunden) in Frankreich absolvieren müssen, wird ein kurzer Aufenthalt in Frankreich quasi unmöglich gemacht. Will man sich regelmäßig und langfristig in Frankreich aufhalten, ist es ratsam, sich im Rathaus vor Ort zu erkundigen.

Übrigens: Hunde der Rassen (und nicht Typ) Dobermann, Deutsche Dogge und Staffordshire Bullterrier gehören weder zur ersten noch zur zweiten Kategorie. Ihre Einfuhr ist erlaubt. Empfohlen wird aber das Tragen eines Maulkorbes. Auch sollten die Hunde von einer volljährigen Person an der Leine geführt werden.

Bei der Einfuhr von Hunden, die den genannten Kategorien ähneln, ist auf jeden Fall Vorsicht angebracht. Gegebenenfalls sollte man eine tierärztliche Bescheinigung (detailliert und verständlich für die französischen Behörden) dabeihaben, die bestätigt, dass der Hund nicht einer dieser Kategorien angehört. Kann der Tierarzt den Hundetyp nicht zweifelsfrei zuordnen, nehmen Sie den Hund besser nicht mit, da eine Beschlagnahme droht.

Unbeschwerter Strandgang

In der Not findet der Hund schon etwas!

Einmaleins der Futterlogistik

Unser Henry stellt mit seinen fünf Kilogramm Körpergewicht und einem Futterbedarf von 250 Gramm täglich niemanden vor eine wirklich große Herausforderung. Somit ist der für ihn benötigte Vorrat selbst bei einem dreiwöchigen Ausflug überschaubar. Doch ist das immer so?

Nicht nur über die Mengenplanung, sondern vor allem über die sachgemäße Lagerung sollte man sich im Vorfeld der Reise Gedanken machen. Ausschlaggebend sind zunächst die Futterart und die Reisezeit. Egal ob Trocken- oder Nassfutter, beides lagert man am besten dunkel und trocken. Besonders in der heißen Jahreszeit wird es jedoch in den Oberschränken des Wohnmobils tagsüber sehr warm. Abends kühlt es dann wieder ab, denn die Wohnmobilhaut ist recht dünn und hat beileibe keine hochwertige Thermoisolierung. So entsteht für das Trockenfutter eine gewisse Feuchtigkeit, die seiner Haltbarkeit und Frische schadet. Das Nassfutter hingegen erhitzt sich stark und gehört nach dem Öffnen unbedingt in den Kühlschrank.

Zu empfehlen ist eine Lagerung im Garagenmittelpunkt auf dem Boden – ganz leicht zu testen, indem man einige Getränke dort abstellt: Auch einige Stunden später haben sie immer noch eine angenehme Kühle. Ab Herbst kann man hier die Getränke sogar fast kalt stellen. Für Hundehalter, die sich für die Futterkultur des Barfens entschieden haben, ist die Sache nicht ganz so einfach. Viele gönnen sich daher eine zusätzliche Kühlgefrierbox in der Garage.

Nicht mehr so selten sind Hundefreunde, die zwei, drei, vier und mehr Hunde ihre Liebe nennen. Da stellt sich alle Bevorratung in einer ganz anderen Dimension dar und wir sind bei einer dreiwöchigen Wohnmobiltour schnell im Bereich von einem Zentner Futter und mehr. Neben der richtigen (zulässigen!) Zuladung von Futter samt Hund stellt sich überdies die Frage, ob man während der Tour Futtervorräte auffüllen kann. Am besten eruiert man dies vor Fahrtantritt. Neben dem Futter gilt es, auf keinen Fall die gewohnten Leckerlis zu vergessen, logistisch gesehen allerdings bestimmt das geringste Problem.

Sollte das Futter oder dessen Menge nicht passen, weiß der Hund bestimmt einen Ausweg.

20 Alarmanlage Hund

Trauen wir dem Vierbeiner da nicht ein bisschen viel zu? Oder, ganz im Gegenteil, freut er sich vielleicht sogar auf seine neue Aufgabe und macht sie richtig gut? Denn schließlich gibt es Menschen, die sich ihren Hund genau deshalb angeschafft haben: zu ihrem Schutz.

Der ein oder andere wird jetzt vielleicht sagen: »Ist doch nicht möglich!« Doch leider häuften sich mit der wachsenden Zahl von Wohnmobilen speziell in den 1990er-Jahren auch die Übergriffe auf die schlafende Gemeinde der reisenden Camper und die Schauergeschichten von Überfallenen, z. B. auf französischen Raststätten, nahmen überproportional zu. Hundebesitzer waren davon weniger betroffen, weshalb man annahm, Hunde im Wohnmobil böten einen zusätzlichen Sicherheitsaspekt.

Dann kam die Zeit der angeblichen Gasüberfälle mit Betäubungsmitteln und von diesen waren plötzlich auch Hundebesitzer betroffen. Heute weiß man, dass solche Attacken nahezu unmöglich sind, da der Einsatz in freier Luft gar nicht direkt auf den Betroffenen geleitet werden kann. Vermutet wird, dass die Einbruchsopfer sich schämten, so tief und fest geschlafen zu haben, dass sie von dem Vorgang schlicht und einfach nichts bemerkten.

Fest steht, dass die meisten Hunde in der Nacht gut zu hören sind, wenn sie mit lautem Gebell loslegen – was aber natürlich auch geschehen muss. Es setzt voraus, dass der Hund tatsächlich anschlägt, wenn sich etwas Außergewöhnliches in seiner Umgebung bewegt. Es gibt aber Hunde, die mit purer Neugier reagieren oder einfach nur schauen, ob es vielleicht ein Leckerli zu erbeuten gibt.

Zum Schluss sei noch bemerkt: Die Betäubung, wenn überhaupt, kommt meist erst nach dem Bruch zum Einsatz. Das Beste und Sicherste ist nach wie vor eine Verriegelung von innen (immer ohne Schlüssel, somit bei Panik zu öffnen), damit erst gar niemand ohne großen Aufwand eindringen kann. Dann, lieber Hundebesitzer, wird der Wachmann auf vier Pfoten gern seinen Dienst versehen und den ungebetenen Besucher in die Flucht bellen! Danach sollte man einfach abwarten und nicht im Halbschlaf versuchen, den Täter doch noch zu erwischen.

Alarmanlage-Modell: tierisch kompakt

Mehr braucht es nicht zum Glücklichsein!

Freies Stehen – wenn alle die Freiheit genießen

Kür des Reisens mit dem Wohnmobil ist nach wie vor das freie Stehen. Dies kann ein kostenloser offizieller oder, besonders schön, der selbst gefundene Stellplatz zur Übernachtung sein. Wie in den Anfängen, als der Wohnmobilstellplatz noch gar nicht erfunden war.

Gerade mit Hund sollte man bei der Auswahl des Platzes jedoch etwas kritisch sein. Und nahe dem Straßenrand zu halten und unbedacht aus der Wohnmobiltür zu springen ist auch nicht die beste Idee. Allzu schnell nutzt der Hund womöglich einen unachtsamen Moment, um sich selbstständig zu machen. Als man noch hundelos war, ist einem die Problematik wahrscheinlich gar nicht aufgefallen. Doch mit Kindern nähert man sich dem Schwimmbecken ja auch über den Nichtschwimmerbereich. Daher: Je grüner man den Ausstiegsbereich gestaltet, desto freudiger wird der Hund folgen und Vertrauen zum neuen Standort fassen.

Leider gilt: freier Stellplatz, beschnittene Freiheit. Soll heißen: Wer einen freien Stellplatz belegt, hat keine unentdeckte Campingfläche in Besitz genommen. Jede Form von Campingattitüde hat zu unterbleiben. Die Markise bleibt drin, Tische und Stühle im Stauraum. Also sollte man bei der Wahl des Ortes bedenken, was man vorhat – oder gleich einen besonders schönen, einsamen Platz ansteuern. Das kann ein Ausflugslokal im Wald, eine große Parkfläche an einem See oder der alte Bahnhof am Ortsrand sein. Um sich mehr Freiheiten zu erlauben, sollte man sich dem öffentlichen Fokus ein wenig entziehen. Tolle Parkflächen gibt es oft auch an Burgen, Schlössern oder Museen. Besonders wenn man diese am nächsten Tag sowieso besichtigen will, kann man durchaus an der Information fragen, ob man mit dem Wohnmobil in der Nähe nächtigen darf.

Aus Sicht des Hundes klappt das freie Stehen problemlos. Sein Anliegen ist es allein, mit uns im Wohnmobil zu sein. Und am nächsten Morgen freut man sich, ganz wohnmobil-like, den Vorteil einer kostenlosen Unterkunft ausgekostet zu haben. Leider nicht für alle selbstverständlich: Der Müll wird mitgenommen und es wird nicht entsorgt. Und denken Sie daran, einmal veröffentlicht, war es die längste Zeit ein Geheimtipp!

22

World Dog Show und Crufts

Meist finden sie auf englischem Boden statt, aber auch schon in Deutschland, Frankreich oder Italien – die größten Hundeausstellungen der Welt. Bis zu 30 000 Fellnasen können sich im Verlauf einer Woche aus diesem Anlass treffen und immer gibt es einen Wohnmobilstellplatz für die Besucher.

Da wird es doch Zeit, Ihrem Hund das vielleicht aufregendste Erlebnis seines Lebens zu gönnen, meinen Sie nicht? Aber auch wer sich völlig wettbewerbsfrei an die Sache heranwagt, wird seinen Spaß haben. Denn die ausgestellten Hunde und Rassen sind ja nur der kleinste Teil der Veranstaltung. Viel aufregender sind der Aufmarsch der vierbeinigen Besucher und das Drumherum am Veranstaltungsort. Wer meint, dass dort nur ein furchtbares Durcheinander und wildes Gekläffe herrscht, der wird eines Besseren belehrt. Bei der

überwiegenden Zahl der Besucher handelt es sich um vorbildlich sozialisierte und bestens erzogene Hunde, von denen sich der eigene Vierbeiner manches abschauen könnte.

Außerdem treiben sich unzählige Hundetrainer, Tierpsychologen oder einfach nur Hundeverrückte herum. Meist gibt es im Umfeld Verkaufsausstellungen für Futter und Zubehör, Vorführungen oder auch Aktionen zum Mitmachen. Wollte Ihr Hund schon mal Mantrailing probieren, die neuesten Agility-Geräte testen oder einfach die frisch gebackenen Hundekekse kosten? Bestimmt trifft der treue Freund hier eine nette Hundedame oder einen freundlichen Hundeherrn, an dem es sich vorzüglich schnüffeln lässt. Beim abendlichen Grillen auf dem Campground werden Hundefreundschaften geschlossen oder man tobt einfach umher. Auch ein Königspudel darf ausgiebig spielen, bevor er am nächsten Tag in den Ring muss. Übrigens lernt man interessante Hundehalter kennen, tauscht sich aus und baut vielleicht auch eigene Vorurteile ab, denn ja, diese gibt es unter Hundehaltern auch! Wer nähere Informationen zu den Shows und ihren Terminen sucht, wird im Internet fündig. Dabei sein und nicht teilnehmen kann durchaus gute Unterhaltung für alle sein.

Der eigene Hund ist doch immer der schönste, oder?

Ganz entspannt im eigenen »Reich«

Der Hund vor dem Wohnmobil

Der Stellplatz ist erreicht, die Sonne lacht und das Feld für einen harmonischen und entspannten Nachmittag ist bestellt. Nur Henry, unser Bordhund, findet trotz einer ausgiebigen Gassi-Runde keine Ruhe und hat auf Dauerbewachung geschaltet.

An alles hat man gedacht: den schönen Haltepunkt unter dem Vorderrad für die Leine, den Wassernapf in Reichweite und die gemütliche Decke für die Bequemlichkeit. Idylle. Im nächsten Augenblick wird der – noch in gehörigem Abstand – sich nähernde Hundekollege vom anstürmenden Fünf-Kilo-Paket Henry lauthals in die Flucht geschlagen und Frauchen auf ihrem Liegestuhl, von dem sie beinahe vor Schreck gefallen wäre, ist vor dem größten Unheil bewahrt. Wem das so oder ähnlich bekannt vorkommt, der weiß, wovon ich spreche.

Nun ist bei all diesen Vorfällen die Rassezugehörigkeit und somit die Wesensausrichtung des Hundes natürlich ganz entscheidend. Der Hütehund möchte sein Heim »sauber« halten, der Jagdhund bereitet sich zum Sprung und der Shepard bleibt auf der Hut. Der 70 Kilogramm schwere Bernhardiner der Nachbarn hat sich derweil noch nicht mal dazu hinreißen lassen, die Augenbraue zu heben, so weit ist das Geschehen von ihm entfernt!

Nun möchte man nicht immer zur Lösung »Ab ins Wohnmobil« greifen, dafür ist es doch draußen viel zu angenehm. Wir haben die Erfahrung gemacht, dass ein kleiner Sichtschutz wahre Wunder wirkt. Man kann auch die Intensität der Gassi-Runde erhöhen, um den Hund entspannter zu machen. Ein besonders guter Tipp ist es, das Ganze mit bekannten Hunden von Freunden zu trainieren. So erkennt der Hund, dass es etwas völlig Normales ist, wenn seine Artgenossen den Weg vor »seinem« Stellplatz kreuzen. Mit der Unterstützung gezielt eingesetzter Bestechungen in Form von Leckerlis klappte eine Mischung aus allen Maßnahmen so gut, dass nach wenigen Tagen ein fast dauerhafter Erfolg eingetreten war.

Wer den Hund lieber an einem der Campingmöbel festmacht, sollte die Leine möglichst kurz gestalten, damit er bei Länge nicht mit Anlauf die Garnitur über den Platz zieht. Dagegen ist der kleine Zaun, hinter dem der Hund bellend umherläuft, keine Lösung!

24 Jetzt kommt der Hund zu Wort

Der Fährhafen war nun wirklich nicht spannend. Na gut, wenigstens gab es einen kleinen Grünstreifen, wo ich mich noch ein wenig erleichtern konnte. Merkwürdig fand ich nur, dass wir gefühlt mitten in der Nacht unterwegs waren, aber andere Genossen liefen auch mit müdem Blick umher!

Dann ging es noch im Dunkeln los, wobei die Fahrt nicht lange dauerte, da uns eine Schranke den Weg versperrte. Herrchen unterhielt sich durch das Fenster in einer anderen Sprache mit einem Herrn, der auf der anderen Seite saß. Dann nahm er mich plötzlich hoch und der Mann suchte nach meinem Chip. Schließlich machte es Piep und wir fuhren einige Hundert Meter weiter vor ein großes Schiff, das wir schließlich auf Handzeichen befahren durften. Übrigens musste das Herrchen mit dem Golden Retriever in dem Wohnmobil hinter uns aussteigen, weil er den nicht mal eben aus dem Seitenfenster halten konnte.

Nachdem wir das Wohnmobil abgestellt hatten, wurden wieder alle Fenster verdunkelt. Herrchen ging zu den Personendecks und Frauchen bleib verbotenerweise bei mir. Das war schon lieb von ihr, wo mir allein doch so unheimlich gewesen wäre. Das bleibt unser Geheimnis, denn eigentlich ist das nicht erlaubt!

Auf der Insel angekommen, durfte ich fast immer mit, sogar wenn es in die bekannten Parks ging. Wir Hunde schienen überall willkommen zu sein. Auf »Public Footpaths« wanderte ich ganz weltmännisch an den Schaf- und Rinderherden vorbei. Natürlich beachtete ich fast immer, dass ich auf diesen Wegen »under close control« dicht bei meinen Leuten bleiben musste.

Weitere Dinge gefielen mir sehr gut. Auf Campingplätzen kostete meine Übernachtung kein Geld. Oft gab es sogar extra abgetrennte Gelände nur zum Toben für mich (»Dog Exercise Fields«). Die vielen Trinknäpfe bei den Geschäften und Gasthäusern liebte ich. Immer frisches Wasser in der Nähe, ein super Service! Die Menschen waren immer so freundlich und freuten sich, mich zu sehen, zu streicheln, ganz oft hatten sie sogar Leckerlis dabei, obwohl sie selbst keinen Hund hatten. Allerdings dauerte es eine Weile, bis ich meine Kollegen verstand, da sie andere Zeichen hinterließen.

Die Menschen verhielten sich in England merkwürdig. Die Autos fuhren auf der falschen Seite und jeder, ich betone, jeder kleine Haufen von mir und meinen Artgenossen wurde sofort weggeputzt. Egal ob in der Stadt, auf einer Weide oder unter einem Dornenbusch. Selbst wenn ich meine Hinterlassenschaft direkt neben einem Kuhfladen platzierte, griffen die Menschen zum Tütchen. Irgendwie schienen die Hinterlassenschaften wertvoll zu sein, denn die Menschen trugen die Tütchen zu speziellen Behältern, die nur zu diesem Zweck überall herumstanden. Herrchen meinte später, dass dies in Deutschland ebenso selbstverständlich sein sollte!

Besonders in der wundervollen Natur von Schottland fühlte ich mich »pudelwohl« (ist so eine Redensart von Hunden). Hoffentlich fahren wir bald wieder in das Land der freundlichen Menschen, dort sind meine Menschen so glücklich und entspannt!

Ich kann allen Artgenossen mitteilen, dass Großbritannien eine Reise wert ist!

25 Charmantes Großbritannien – Traumziel in Europa 3

Seit die Einreisebestimmungen für Haustiere geändert wurden, hat sich die Attraktivität für Hundebesitzer, dieses reizvolle und abwechslungsreiche Reiseland zu besuchen, natürlich erhöht. Dazu kommt, dass der Brite mindestens so ein Hundenarr ist wie der Deutsche.

Vor dem Jahr 2000 war Großbritannien für einen Urlaub mit Hund als Reiseziel ausgeschlossen. Denn strenge Quarantänebestimmungen verboten die Einreise von Tieren. Die Vorschriften wurden gelockert und 2014 im Zuge einer EU-Verordnung noch weiter reduziert. Aktuell benötigt man einen EU-Heimtierausweis, Mikrochip-Kennzeichnung, eine gültige Tollwutimpfung (mindestens 21 Tage alt) sowie eine Behandlung gegen Bandwürmer mit einem praziquantelhaltigen Präparat frühestens 120 Stunden vor der Einreise. Die Behandlung (inklusive Uhrzeit) muss im Heimtierausweis eingetragen werden.

Wer im Süden das wunderschöne Cornwall bereisen möchte, muss noch nicht mal eine Fähre buchen. Von Calais, Dünkirchen und Ostende gibt es täglich mehr als 100 Verbindungen. Wer kein Schiff besteigen will, hat mit dem Zugverkehr durch den Kanaltunnel nach Folkestone eine echte Alternative. Die Preise für eine Querung des Ärmelkanals lassen sich schwer unterbieten. Die Fahrt von Dünkirchen nach Dover und zurück kostet in der Nebensaison bei DFDS mit einem 8-m-Wohnmobil um die 100 Euro. Eine Fähre von den nördlichen Häfen von Amsterdam nach Hull oder Newcastle hingegen schlägt durch die Kabinenpflicht mit Hund schnell mal mit 800 Euro zu Buche. Somit sollten sich auch Schottlandfahrer überlegen, ob die 600 Kilometer Landweg bis zur schottischen Grenze nicht eine lohnenswerte Variante sind.

Das südliche England zeichnet sich durch viele Sonnentage aus. Der »South West Coast Path« lässt sich auch mit Hunden sehr gut etappenweise erkunden, denn das hervorragende Netz der öffentlichen Verkehrsmittel bringt einen immer gut und günstig zum Ausgangspunkt zurück. Wer den Süden erstmals bereist, sollte sich auf die teilweise engen und durch die hohen Hecken recht unübersichtlichen Straßen einstellen. Selbst in den großen Moorgebieten von Dartmoor gibt es diese. Trotzdem kann man sie bei entsprechend defensiver Fahrweise auch mit großen Wohnmobilen befahren. Campingplätze sind reichlich vorhanden, denn England ist ein Camperland. Besonders die Strecke von Land's End Richtung Norden an der westlichen Atlantikküste entlang ist bei Weitem nicht so überlaufen wie die südlichen Badeorte. Newquay und Padstow bieten absolute Traumstrände für Wassersportler. Im kleinen Örtchen Tintagel kann man auf den Spuren von König Artus wandeln.

Frühmorgens in Widecombe-in-the-Moor

Traumhafte Strände und unendliche Weiten in Schottland

Wildromantisches Schottland – Traumziel in Europa 3a

Ein weiteres Reiseland lässt sich von der Wunschliste vieler Wohnmobilfahrer nur schlecht wegdenken: Schottland! Das Land im hohen Norden der britischen Insel mit den angrenzenden Hebriden und den Orkney-Inseln gehört nach wie vor zu den beliebtesten Urlaubszielen.

Was macht Schottlands Reiz aus? Ist es seine wechselvolle Geschichte? Oder diese unwirtliche Landschaft des Nordwestens, mit nur vier Einwohnern pro Quadratkilometer der am dünnsten besiedelte Teil Europas? Sind es die Bräuche und Sitten der Menschen, die berühmt sind für ihre Gastfreundlichkeit, den Schottenrock und ihren Whisky? Sicherlich auch die gute Erreichbarkeit, denn nach einer entspannten Anreise mit der Fähre von Holland nach Newcastle ist man sofort inmitten einer anderen Welt! Der Verkehr geht andersherum und die Zeit schenkt uns eine Stunde. Jetzt sind es noch einige Kilometer bis zum Übergang auf schottischen Boden und 170 Kilometer bis nach Edinburgh.

Die Hauptstadt ist ein toller Einstieg für Ihren Erlebnisurlaub. Quirlige Betriebsamkeit, eine wunderschöne Altstadt und über allem thront Edinburgh Castle! Schon hier merkt man: Hunde gehören zum Alltag der Menschen und werden nahezu ohne Vorbehalte akzeptiert. Wenn Sie nicht in der Hauptsaison reisen, sollten Sie sich ab hier ein wenig nach dem Wetter richten. Die Ost-West-Ausdehnung beläuft sich im Schnitt auf nur 120 Kilometer, aber die Wetterlage könnte unterschiedlicher nicht sein. Während im Westen auf den Hebriden die Regenstürme toben, kann an der Ostküste eine Woche die Sonne scheinen. Lassen Sie sich auch für die Mitte der Highlands genügend Zeit. Sie bieten sehr grüne Landschaften, viel Ruhe und naturbelassene Campings, wie z. B. den Faichemard Farm Camping in unmittelbarer Nähe von Invergarry (www.faichemard-caravancamping.co.uk). Allein die vielen Wanderwege direkt ab dem Platz bieten von Berg bis Flusslandschaft alles.

Im Norden erwarten Sie Einsamkeit, tolle Küstenabschnitte mit tosender Brandung sowie Campingplätze mit Meerblick. Nicht zu verpassen sind der Besuch eines urigen Pubs und einer Whisky-Destillerie. Beide haben oft Parkplätze zum Nächtigen.

27

Außendusche ergänzen – bequeme Hundereinigung

Spätestens wenn man im Hochsommer vom Strand ohne Dusche kommt, wird man für seinen Hund dieses Utensil vermissen, genauso natürlich nach dem herbstlichen Trail durch den Wald. Sand abspülen, Pfoten reinigen oder auch die eigenen Gummistiefel. Nahezu alle Fahrzeuge mit Garage lassen sich serienmäßig ab Werk für etwa 250 Euro mit einer Außendusche ausrüsten. Für eine versierte Wohnmobilwerkstatt ebenfalls kein Hexenwerk, da oft der Frischwassertank im hinteren Teil zur Achse sitzt. Die nachträgliche Montage lässt sich in den meisten Fällen mittels einer Schlauchverlängerung darstellen. Bei einem Bad mit Fenster hat man leichtes Spiel, meist ist eine Schlauchverlängerung mit Wechselduschkopf völlig ausreichend. Ähnlich funktioniert es mit einer Verlängerung aus dem Küchenfenster. Der Duschkopf sollte eine Druckbedienung haben, um den Wasserzulauf zu stoppen.

28

Der nasse Hund im Wohnmobil

Jeder Hundebesitzer weiß, was nach dem nassen Hunde-Walk folgt: das mehrmalige Ausschütteln mit Genuss. Von der Schnauze bis zur Schwanzspitze, mitten im Wohnmobil. Wo dann überall Hundehaare kleben, führe ich nicht extra aus. Und ja: Nasse Hunde riechen streng. Manche Campingexperten und Hundehalter setzen daher nicht umsonst auf einen Regenmantel für den Vierbeiner. Dafür muss sich niemand genieren, hier heiligt der Zweck die Mittel – oder will jemand wissen, wie das Wohnmobil nach drei Tagen Herbsttour duftet!? Im Nebeneffekt beugt man so manchem Schnupfen vor, der ja leider auch Hunde immer mal wieder ereilen kann. Besitzer von nicht haarenden Hunden können das eher nachvollziehen. Bewährt hat sich in der feuchten und kalten Jahreszeit der Einsatz eines Vorzeltes oder auf dem Campingplatz die Nutzung von Trockenraum oder Hundeduschraum. Hier wird der Hund »salonfähig« gemacht, bevor es ins Wohnmobil geht.

Regelmäßiges Bürsten genieße ich!

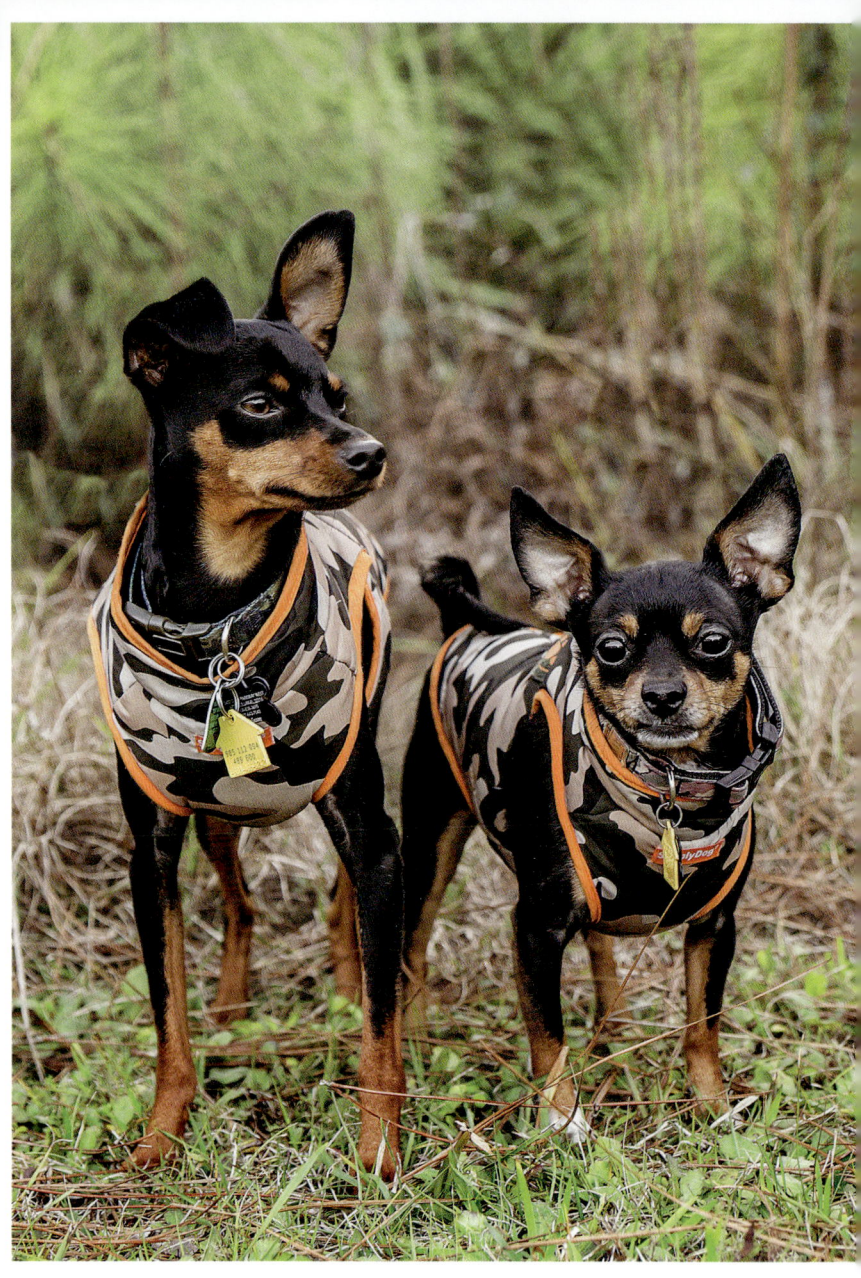

Bei Nässe und Dreck hält eine Jacke einiges vom Womo fern.

Ungeliebte Hinterlassenschaft

Wenn Hund reist, haart er noch mehr als sonst. Das ist ein ungeschriebenes Hundegesetz. Denn Reisen heißt immer auch Aufregung und diese ist einer der vielen Gründe für exzessives Haaren.

Wo ein Hund lebt, muss mit Hundehaaren auf Möbeln, dem Fußboden oder der Kleidung natürlich gerechnet werden. Kurzhaarige Hunde wie Mops, Dalmatiner, Dackel, Weimaraner oder Bulldogge verlieren deutlich weniger Haare als ihre Artgenossen mit einem langen und dichten Fell. So gut wie gar keine Haare verlieren Terrier und Pudel, da sich ihr Fell in einem dauerhaften Wachstum befindet. Dafür benötigen sie einen Hundefriseur.

Für manchen Hundehalter sind die Haare ihres vierbeinigen Freundes jedoch längst zu einem Problem geworden. Vor allem zum Zeitpunkt des Fellwechsels im Frühling und Herbst ist die Menge an Hundehaaren im Wohnmobil oder auf der Kleidung kaum zu bewältigen. Doch es gibt Möglichkeiten, um dagegen wirksam vorzugehen.

Das A und O ist die Fellpflege. Wird das Fell regelmäßig gekämmt oder gebürstet, können lose Haare bereits im Vorfeld entfernt werden. Je nach Fellart sind fünf Minuten pro Tag ausreichend. Viele Hundehalter erledigen diesen Teil spielerisch nach einem Spaziergang, denn die Fellpflege entfernt gleichzeitig Staub, Schmutz oder Kletten, die auf diese Weise erst gar nicht in das Wohnmobil getragen werden. Tägliches Bürsten oder Kämmen fördert zudem die Durchblutung der Haut, unterstützt das Wachstum des neuen Fells und beugt einem Verfilzen der Haare vor.

Doch die richtige Fellpflege kann noch mehr – sie stärkt die Beziehung von Hund und Mensch, denn die meisten Hunde mögen es, gebürstet zu werden. Wer nicht weiß, welches Produkt für seinen Hund geeignet ist, sollte sich von einem Fachhändler beraten lassen. Bei einem langen Fell muss die Bürste über Borsten verfügen, die weit auseinanderstehen. Für ein dichtes Fell eignet sich der Zupfkamm. Drahthaare benötigen einen kurz gezahnten Kamm.

Jeder Wohnmobilbesitzer wird sich überdies über kurz oder lang einen Akkustaubsauger zulegen, am besten einen beutellosen, denn so kann man bequem und schnell Haare oder ähnliches vom Boden entfernen.

30 Hunderudel oder Herdenmensch

Wie bereits zu Beginn festgestellt, hat der domestizierte und sozialisierte Hund sein neues Rudel gefunden und den Menschen als seinen Rudelführer akzeptiert. Doch auch einige Wohnmobilfahrer scheinen Herdenmenschen zu sein und Schutz in der Gruppe zu suchen. Meist sind diese Exemplare ohne Hund unterwegs, denn der Hundehalter hat gern etwas Platz mit der Fellnase und wird auch beim freien Stehen auf Abstand achten. Doch es gibt Menschen, die ihren Camper maximal zwei Meter entfernt von dir parken, obwohl der ganze Platz leer ist. Oder Besatzungen, die gern mal frei stehen, aber nur, wenn noch jemand da ist: »Bleibt ihr heute Nacht hier?«, lautet dann die hoffnungsvolle Frage. Selbst auf offiziellen Wohnmobilstellplätzen findet man die Kuschelcamper Marke Herdentrieb. Situationsbedingt ist der Markisenausfall ein guter Messgrad, wenn die Belegungsqoute es hergibt.

31 Mobilitätsplus dank Radanhänger

Nicht nur für Kinder, auch für Hunde ist der Fahrradanhänger eine wunderbare Sache, um den gemeinsamen Aktionsradius zu erhöhen. Es gibt speziell auf Hunde abgestimmte Modelle, die sich durch abnehmbare Deichseln und Räder sehr gut und platzsparend verstauen lassen. Der Einsatz ist mehr als sinnvoll, denn für alte und verletzte Hunde gibt es nichts Besseres. Das Gleiche gilt für Hunde, die dem Fahrradkörbchen entwachsen sind, denn ab zehn Kilo werden die meisten Korbkonstruktionen instabil. Ab 30 Kilo Körpergewicht ist eine Federung der Anhängerachse ratsam. Da die Halterungen des Anhängers am Fahrrad verschraubt werden, sollten man zwei davon anschaffen, um die Nutzung flexibler zu gestalten. Wie immer gilt auch hier: Probieren geht über studieren! Eine Probefahrt wird einen vom Nutzen schnell überzeugen. Letztlich ist das Gefährt ein praktisches Hilfsmittel, auf das man bald nicht mehr verzichten möchte.

Ein guter Platzhalter kann helfen.
Praktisch: Wagen und Fahrradanhänger in einem.

Eine tolle Abwechslung: Agility direkt auf dem Platz

Reisetipp
Bayerischer Wald

Im Naturpark Bayerischer Wald gibt es im kleinen Luftkurort Viechtach einen besonders hundefreundlichen Campingplatz. Da wird sich mancher Gast mit Vierbeiner wünschen, dass dieses tolle Konzept schnell Schule macht!

Ein Wohnmobilstellplatz ohne Leinenpflicht für Hunde oder gleich einen ganzen Bereich, in dem die Hunde frei laufen dürfen, und das auf dem Campingplatz? Gibt es nicht? Gibt es doch! Nämlich am Ortsrand von Viechtach im Naturpark Bayerischer Wald; hier geht der KNAUS Campingpark in puncto Hundefreundlichkeit seit einigen Jahren völlig neue Wege.

Es gibt einzeln eingezäunte Stellplätze, auf denen sich der Hund nach Herzenslust frei bewegen kann. Dazu ein Camperareal, wo Hundefreunde gemeinsam, sei es mit Familie, Freunden, Bekannten oder Unbekannten, die Freiheit für sich und die Hunde genießen können. Kein Rufen und Suchen nach den lieben Vierbeinern, kein Entwirren des Leinenmikados, keine umgerissenen Tische – herrlich!

Kleine wie große Fellnasen lieben darüber hinaus den Hundeteich, die meisten von ihnen auch die Hundedusche oder die Hundewiese mit Agility. Auch für Kinder gibt es vom Spielplatz über den Beachvolleyballplatz bis hin zu Indoor-Spielmöglichkeiten nahezu alles.

Der Campingplatz hat ein eigenes Hallenbad und das Freibad im Sommer ist nur 700 Meter entfernt. Neben den festen Angeboten des Platzes haben Hundefreunde in der angeschlossenen Hundeschule die Gelegenheit, verschiedene Kurse individuell zu buchen oder an Gruppenangeboten teilzunehmen. Das können Agility-Kurse, Welpenschule oder Trainingskurse zur Gehorsamsschulung sein.

Für eine Woche zahlt die Familie mit allen Kindern bis 15 Jahre sowie einem Hund etwa 220 Euro auf einem speziellen Hundestellplatz. Bleibt nur noch zu erwähnen, dass die umgebende Landschaft ein Paradies für Wanderer und Radfahrer ist. Kurzum: ein Ort, an dem man wunderbar zu sich und seinen Lieben findet, mit und ohne Fell!

KNAUS Campingpark Viechtach · Waldfrieden 22 · D-94234 Viechtach
www.knauscamp.de/viechtach · GPS: N 49°4'57.47" E 12°51'11.27"

33 Wenn der Hund abhandenkommt

War die Spur vielleicht zu verführerisch oder war es einfach nur ein unachtsamer Augenblick? In der Fremde ist der Hund vielen Reizen ausgesetzt. Begibt er sich selbstständig auf Entdeckungstour, findet er den Weg zurück nicht immer so einfach wie zu Hause.

Tröstlich zu wissen: Im Zeitalter von Smartphone und Internet ist die Vermisstensuche wesentlich einfacher geworden und meist auch von Erfolg gekrönt. Aber wer kennt nicht die Geschichten von Hundebesitzern, die nach dem Gassigehen zwei Wochen und mehr an der Autobahnraststätte verbrachten, bis sie ihren Liebling schließlich wieder in den Armen hielten.

Bei derartigen Vorkommnissen heißt es zunächst: Ruhe bewahren und mit klarem Kopf vorgehen. Gut vorbereitet ist jetzt jeder, der ein Bild mit Beschreibung, möglichst auf einer DIN-A4-Seite, griffbereit im Wohnmobil liegen hat. Hat der Hund eine Marke, einen Adressanhänger am Halsband oder ist er sogar bei TASSO angemeldet, dann hat man schon vieles richtig gemacht. Man sollte möglichst schnell versuchen, jede helfende Hand, die man bekommen kann, zu mobilisieren. Erste Suchtrupps in verschiedene Richtungen sollten sich nach 15 bis 20 Minuten wieder treffen, um Ergebnisse zu sammeln. Eine Person, die im Umgang mit sozialen Medien vertraut ist, sollte entsprechende Aufrufe starten. Man wird erstaunt sein, wie schnell Hunderte von Menschen an der Suche beteiligt sind.

Gerade im Ausland ist es wichtig, jemanden mit Sprachkenntnissen zu finden. Wer allein auf weiter Flur ist, sollte den nächsten Tierarzt kontaktieren, der bestimmt entsprechende Tipps für die Suche vor Ort hat. Ganz wichtig ist, dass immer eine Person am Wohnmobil bleibt für den Fall, dass der Hund selbst wieder zurückfindet. Alle Suchenden werden mit den Lieblings-Leckerlis ausgestattet, damit auch Unbekannte den Hund anlocken können. Es sollten auch alle verfügbaren Leinen verteilt bzw. aus Stricken oder Wäscheleinen Behelfsleinen gemacht werden, damit der Hund entsprechend festgemacht wird, wenn er gefunden wurde.

Auch andere Überlegungen sollten angestellt werden: Ist der Hund aus Versehen in ein fremdes Fahrzeug gestiegen, ist er in ein Haus oder einen Keller gegangen? Ab dem zweiten und dritten Tag sollte man den Suchradius erhöhen. Ein weiteres Fahrzeug oder ein freundlicher Camper mit Pkw sind bestimmt eine gute Hilfe. Viele Hunde werden auch noch nach Tagen putzmunter wiedergefunden.

VERMISST

www.wirsuchencarlie.de

Sichtungen im **gesamten Stadtgebiet München.**

Bei Sichtung:
1. bitte **gleich anrufen!**
2. ein Foto wäre toll
3. wenn möglich
   aus Entfernung beobachten / mit Abstand folgen

STUMMELSCHWANZ, kniehoch (ca. 50 cm), halblanges Fell, weiß mit grau und beige, sehr schlank, 1,5 Jahre alt

Wir sind 24 Stunden erreichbar.

Hier spart auch der Vierbeiner.

Hier bekommen sogar Hunde Rabatt

Nein, dies ist keine Werbeveranstaltung! Und nein, der Autor erhält dafür kein Honorar! In diesem Buch wird man keine Werbung für bestimmte Produkte, Fahrzeuge, Hundefutter oder Sonstiges finden. Nur und ausschließlich für Dinge, die der Autor aus der Praxis heraus genutzt hat.

Nach mehr als 40 Jahren Campingerfahrung und mehr als 300 000 Kilometern mit Wohnmobil auf der ganzen Welt weiß ich eines besonders zu schätzen: die CampingCard Auto Camper Service International, kurz CampingCard ACSI. Mit ihr bekommt man überwiegend in der Vor- und Nachsaison für 12 bis 20 Euro eine Übernachtung mit Wohnmobil inklusive zwei Personen, 6 A Strom bis 4 kWh, warmer Dusche, Mehrwertsteuer des Landes und 1 Hund. Allein dieses kleine Anhängsel 1 Hund ist ein starkes Argument. Denn wie schon erwähnt ist die Übernachtungs- oder Aufenthaltsgebühr für einen Hund mittlerweile auf bis zu sechs Euro pro Tag angestiegen. Immer wieder ein herrliches Gesprächsthema in der lockeren Camperrunde.

In der aktuellen Ausgabe des ACSI-Campingführers sind 3401 Campingplätze in 21 Ländern Europas verzeichnet, die an diesem Rabattsystem teilnehmen. Vom einfachen 2-Sterne- bis zum luxuriösen 5-Sterne-Wellness-Camping ist hier alles vertreten. Davon mittlerweile viele auch in der Hauptsaison. Für 16,95 Euro erhält man pünktlich vor Weihnachten übersichtlich in zwei Bänden ein Verzeichnis mit allen Campingplätzen, Übersichtskarte und Rabattkarte. Alles ist gültig für ein Kalenderjahr. Ersparnisse von zehn Euro und mehr je Übernachtung sind so ohne Weiteres realisierbar. Beispielsweise erhält man diese Leistung auch auf dem in Kapitel 32 erwähnten Campingplatz in Viechtach – für nur 18 Euro.

Die ACSI-Organisation ist auch auf allen großen Camping- und Reisemessen vertreten. Im Internet finden Sie sie unter www.campingcard.com. Wie schon erwähnt, gehören zum Lieferpaket dann auch die beiden Bücher mit einer Gesamtübersicht aller Campingplätze, die inspiziert werden. Auf den Übersichtskarten sieht man die Lage der Plätze und kann sich daraus ohne Probleme eine eigene Route zusammenstellen, ohne dass es auf dem Campingplatz dann unliebsame Überraschungen gibt.

35 Sehnsucht Skandinavien – Traumziel in Europa 4

Seit einigen Jahren zieht es immer mehr Wohnmobilisten mit Hund in Richtung Skandinavien. Dazu tragen sicher die geänderten Einreisebestimmungen für Haustiere bei, wobei Norwegen, kein Mitglied der EU, hier eine Ausnahme bildet. Die Bestimmungen werden im nächsten Kapitel gesondert aufgelistet.

Reiseziele wie Norwegen und Schweden wurden in den letzten Jahren vor allem den Sommer über immer beliebter. Ob dies nun an den Folgen des Klimawandels oder der immer besseren technischen Ausstattung der Wohnmobile liegt, vermag ich nicht zu sagen. Sicherlich lockten auch Erzählungen von einsamen Landschaften, Abenteuer und Freiheit. Die Möglichkeiten der Anreise sind heute vielfältig: gemütlich per Fähre nach Oslo oder Göteborg, auf einer spektakulären Brückenverbindung von Dänemark nach Schweden oder mit der Schnellfähre von Dänemark nach Kristiansand in Norwegen.

Der Preis für eine Nachtfähre von Kiel nach Göteborg mit Wohnmobil, zwei Personen, Hund und Kabine liegt bei ca. 300 Euro. Eine tolle Route: von hier entlang der Schärenküste bis in das südliche Norwegen und dann von Kristiansand mit der Schnellfähre nach Dänemark zurück. Von hier bis nach Flensburg sollte man drei bis vier Tage rechnen, denn Dänemarks sandige Küsten und nette Städtchen sind viel zu schade, um auf der Autobahn verpasst zu werden. Besonders großen Hunden begegnet man hier mit sehr viel Respekt, was auch die Einschränkung bestimmter Rassen deutlich macht. Beliebt hingegen sind Rassen wie Golden Retriever und Labrador.

Das Zauberwort »Jedermannsrecht« hat sein Übriges zur Beliebtheit der Region beigetragen. Was für eine Vorstellung, stehen und übernachten zu können, wo man will. Doch ganz so einfach ist es leider nicht mehr. Mit der wachsenden Zahl der »wilden Camper« gab es in den letzten Jahren eine Gesetzesrevision. Seither steigen die Übernachtungszahlen auf Campingplätzen und immer neue Wohnmobilstellplätze entstehen. Sicherlich gibt es auf der Route Richtung Nordkap noch viele Plätze, wo man geduldet eine Nacht verbringen kann und auch für den Hund ein großer Wohlfühlfaktor entsteht. Gerade in den Küstenbereichen bieten sich kleinere Hafenanlagen für eine Übernachtung an.

Besonders attraktiv ist der Zeitraum der Sonnenwende von Anfang Juni bis Mitte Juli, wenn das Tageslicht bis weit in die Nacht verbleibt. In dieser Zeit bis in den August haben allerdings auch die Mücken Hochsaison. Die dünn besiedelten Gebiete außerhalb der Großstadtbereiche laden ein zum Wandern oder Radfahren, wer will, lässt einfach nur die Seele baumeln. Weiter nördlich gehen störende Umweltgeräusche gegen null. Es gibt nahezu keine Autobahnen, Zugstrecken oder Flugrouten, die einen an die Zivilisation erinnern. Mein ganz besonderer Tipp ist der Besuch einer der traditionsreichen Sonnenwendfeiern, bei denen Gäste herzlich willkommen sind. Neben ursprünglichem Brauchtum lernen Sie auch die einheimische Küche kennen. Übrigens, nur 20 Prozent aller Skandinavier haben in ihrem Leben einen Elch in freier Wildbahn gesehen!

Tolle Übernachtung am Südkap

36 Bestimmungen in Skandinavien

Skandinavien, das nördliche Europa, umfasst je nach Definition verschiedene Länder, für uns auf jeden Fall aber Norwegen, Schweden und Dänemark. Da Norwegen aber nicht zur Europäischen Union (EU) gehört, sind die Regelungen dort etwas anders. Wir stellen das Wichtigste vor.

Bei Einreise und Durchreise in Norwegen muss der Hund mindestens sieben Monate alt sein und braucht einen EU-Heimtierausweis, Mikrochip-Kennzeichnung und eine gültige Tollwutimpfung (mindestens 21 Tage alt). Außerdem ist eine Behandlung gegen Bandwürmer mit einem praziquantelhaltigen Präparat vorgeschrieben, und zwar frühestens 120 bis spätestens 24 Stunden vor der Einreise. Die Behandlung (inklusive Uhrzeit) muss im Heimtierausweis eingetragen werden. Eine neue Behandlung innerhalb von sieben Tagen (wie früher) ist nicht mehr erforderlich. Dies ist bei einer Einreise nach Finnland identisch.

Norwegen verlangt auch ein Veterinärzertifikat: Informationen über den Namen des Tierbesitzers, Identitätsmerkmale des Tieres, die Tollwutimpfung und die Behandlung gegen Bandwurmbefall müssen dokumentiert sein; unterzeichnet entweder von einem öffentlichen Veterinär im Absendeland oder bestätigt durch einen in der EU anerkannten Pass (gilt für EU-/EWR-Länder).

Bei der Ankunft müssen die Hunde zusammen mit den für die Einreise erforderlichen Dokumenten an der Grenze dem Zoll vorgestellt werden (rote Zone). Vergessen Sie nicht, sich im Vorhinein über die Öffnungszeiten des Zolls zu erkundigen. Nicht erlaubt ist die Einfuhr folgender Hunderassen: Pit Bull Terrier, Tosa Inu, Dogo Argentino, Fila Brasileiro oder Kreuzungen. Hunderassen, die mit den angeführten verwechselt werden könnten (z. B. American Staffordshire Terrier), müssen mit Stammtafel nachweisen können, dass das Tier nicht von einer dieser Rassen abstammt.

Darüber hinaus gilt für die Einreise mit Hund bzw. Hunden nach Dänemark, dass die Einreise mit Pit Bull Terriern und Tosas sowie deren Kreuzungen verboten ist. Neu seit Juli 2010: Haltung, Zucht und Einfuhr folgender Hunderassen und deren Kreuzungen sind in Dänemark verboten, wenn sie nach dem 17. März 2010 angeschafft wurden: Pit Bull Terrier, Tosa Inu, Amerikanischer Staffordshire Terrier, Fila Brasileiro, Dogo Argentino, Amerikanische Bulldogge, Boerboel, Kangal, asiatischer Owtscharka.

Der Eigentümer des Hundes ist dafür verantwortlich, die Rasse oder den Typ dokumentieren zu können, ebenso den Zeitpunkt der Anschaffung. Personen, die Hunde der betreffenden Rassen vor dem 17. März 2010 angeschafft haben, müssen den Hund auf Straßen, Wegen, Fußwegen und Plätzen an einer maximal zwei Meter langen Leine führen. Der Hund muss außerdem einen sicher verschlossenen Maulkorb tragen.

Wenn bestimmte Regeln beachtet werden, ist es an vielen dänischen Stränden erlaubt, den Hund mitzunehmen. Im Winterhalbjahr vom 1. Oktober bis 31. März dürfen Hunde am Strand ohne Leine laufen unter der Voraussetzung, dass der Halter den Hund unter Kontrolle hat. Die Aufgabe des Halters ist es, dafür zu sorgen, dass der Hund die anderen Gäste, anderen Hunde oder die wilden Tiere nicht stört. Von 1. April bis 30. September sind Hunde am Strand an der Leine zu führen, da dann viel Betrieb herrscht. Es gibt in Dänemark über 150 Hundewälder, in denen Hunde jederzeit frei herumlaufen dürfen. Auch hier gilt, dass der Halter den Hund jederzeit kontrollieren können muss.

Auch bei der Einreise nach Schweden muss der Hund beim Zoll angemeldet werden. Das kann man ganz einfach, unkompliziert und auch kostenlos online vor Urlaubsbeginn machen – und zwar auf der Internetseite des Zollamtes unter dem Link »Report your pet online« (www.tullverket.se).

Bei der Einreise muss die Rasse beachtet werden.

37 Feuerwerk, des Hundes Schreck

Das klassische Beispiel ist natürlich Silvester, an diesem Abend muss man zwangsläufig und so gut wie überall mit Feuerwerk und lautem Knallen rechnen. Aber auch bei Sommer- und Herbstfesten lassen es die Veranstalter gern mal krachen. Viele Hunde lieben das nicht.

So tauchen immer wieder Fragen nach feuerwerkfreien Plätzen auf. Leider ist der Campingplatz mit Feuerwerksverbot keine absolute Garantie, wie wir schon erleben durften, denn Unbelehrbare gibt es überall. Und so viel Mühe man sich bei der Suche auch macht, ein gänzliches Vermeiden ist nicht möglich. Besonders diese unverhofften Böller, ohne Vorankündigung gezündet etwa am Silvesternachmittag, versetzen so manche Fellnase augenblicklich in Panik. Doch auch an diesem Tag müssen Hunde ihren Auslauf bekommen. Nicht mehr rauszugehen ist also keine Lösung.

Um das Gassigehen möglichst stressfrei zu überstehen, sollten Sie am besten tagsüber und an ruhigen Orten spazieren gehen. Vermeiden Sie die Großstadt, in der für gewöhnlich bereits viele Stunden vor dem Jahreswechsel mit der Knallerei begonnen wird. Trotzdem sollten Sie Ihren Hund an diesen Tagen immer angeleint lassen. Schließlich können Sie überall von dem Geheul einer Silvesterrakete überrascht werden. Die Gefahr, dass Ihr Hund vor Schreck wegläuft, nicht mehr zurückfindet oder gar auf eine stark befahrene Straße läuft, darf nicht unterschätzt werden, besonders wenn man in unbekanntem Gebiet unterwegs ist wie der Wohnmobilreisende.

Mit zunehmender Dunkelheit werden auch die ersten Silvesterraketen mehr. Spätestens jetzt ist es Zeit, mit Ihrem Hund zurück zum Wohnmobil zu gehen. Auch wenn es in den meisten Ländern üblich ist, den Jahreswechsel draußen zu verbringen, sollten Sie bei Ihrem Hund bleiben und ihn in seinem aufgewühlten Zustand nicht allein lassen. Besonders ängstlichen Hunden reicht es nicht, dass sie sich in einer Ecke verkriechen können, sie brauchen in diesem Moment ihre Bezugsperson in ihrer Nähe, die ihnen Sicherheit vermittelt. Gute Erfahrungen haben wir mit dem Verdunkeln der Fenster gemacht, dazu gibt es Musik oder der Fernseher flimmert vor sich hin. Bei manchen Hunden wirkt auch die Gesellschaft anderer bekannter Artgenossen wahre Wunder.

Das Wichtigste ist jedoch: selbst ruhig und gelassen bleiben bei allem, was man tut. Damit signalisiert man dem Hund: »Alles ist gut«, und zeigt ihm, dass die Geräusche draußen ganz normal sind. Wer angesichts der Reaktion seines Hundes selbst nervös und hektisch wird, riskiert, dass alle anderen Hilfestellungen vergebens waren. Über den Einsatz anderer Mittel lässt sich vortrefflich streiten. Da wird auf ein Gläschen Eierlikör, ein Halsband mit Duftstoffen oder Ähnliches geschworen. Die Tricks seien der Entscheidung des Einzelnen vorbehalten. Nur eine Bitte: Unkontrolliertes Sedieren von Hunden kann nicht der richtige Weg sein und stellt ein unnötiges Risiko dar!

Für die einen wunderschön, für die anderen der Horror

Registriert die Qualität des Wassers und dankt mit genussvollem »Saufen«

Wasser für die Vierbeiner

Es gibt wenige Themen, die den Wohnmobilreisenden so sehr beschäftigen wie das eigene Wasser im Fahrzeug. Dabei interessiert natürlich nicht nur dessen lapidare Anwesenheit, sondern auch seine Nutzung und demzufolge sein Zustand, sprich, die Wasserqualität.

Die Haltbarkeit des kühlen Nasses sowie die Pflege und Reinigung der Wassertanks gehören zu den meistdiskutierten Themen in der Campergemeinde. Jeder entwickelt im Lauf der Zeit seine eigene Philosophie oder probiert ständig etwas Neues aus. Die einen bereiten Kaffee nur mit Quell- bzw. Mineralwasser zu, die anderen putzen sich mit dem Wasser aus dem Tank nicht die Zähne. Die einen haben Filter eingebaut, die anderen verwenden Zusätze, um Bakterienbildung und Verschleimung der Wasserleitungen zu vermeiden.

Für mich war vor einigen Jahren die Bekanntschaft mit einem Lebensmittelchemiker der persönliche Durchbruch. Der erklärte mir schlüssig, dass eine gefüllte Leitung weniger verschleimt und sich auch keine Bakterien breitmachen. Wer also regelmäßig mit dem Wohnmobil unterwegs ist, sollte den Wassertank nicht ständig entleeren und das Wasser mit einem Zusatz haltbar machen. Zu Hause lässt man ja auch nicht die Leitungen leer laufen und füllt diese nach Ankunft wieder!

Nahezu alle Wassertanks sind aus dunklem Material oder sitzen lichtdicht im Boden und sind isoliert. Dieses Wasser kann bedenkenlos getrunken werden und ich nutze es seit Jahren sowohl zum Zähneputzen als auch zur Zubereitung von Speisen und Kaffee, da es ja zu diesem Zweck auch immer abgekocht wird. Dass es nicht so schmackhaft sein kann wie frisches Quellwasser, ist klar und zu akzeptieren.

Besonders in den südlichen Ländern wie Spanien oder Griechenland ist es üblich, sich mit Fünf-Liter-Behältern Quellwasser zu versorgen, welches überall kostengünstig angeboten wird. Diesen kleinen Luxus sollte man sich bei Unsicherheit gönnen und das Gleiche auch dem Hund. Wer sich nach einer längeren Südtour beim Spülen des Wassertanks zu Hause die Rückstände von Sand oder ähnlichen Partikeln ansieht, der weiß, dass die Qualitäten unterschiedlicher nicht sein könnten.

39 Willkommen an der Ostsee

Sechs Kilometer südlich von Grömitz an der Ostsee liegt der kleine Ort Bliesdorf. Direkt an der Steilküste vor Neustadt in Holstein steuern wir heute den 5-Sterne-Campingplatz Walkyrien der Familie Gosch an. Hier kommen alle, Mensch wie Hund, voll auf ihre Kosten.

Vergessen Sie enge, asphaltierte Parkplätze oder Abstellflächen vor Campingplätzen. Genießen Sie von dem separaten Wohnmobilpark lieber den herrlichen Panoramablick auf die Ostsee und den Wald. In bester Lage ist, auf einer gesonderten Fläche vor der Schranke des Campingplatzes, extra für Wohnmobile dieser moderne Platz entstanden. Die Stellplätze verfügen über Stromanschluss, sind mit Rasengittersteinen befestigt und bieten genügend Rasenfläche zum Sitzen. Selbstverständlich stehen Ihnen alle Einrichtungen des komfortabel ausgestatteten Campingplatzes zur Verfügung: Kinder- und Familienbäder, oder auch der Sauna- und Wellnessbereich (gegen Gebühr) mit erhöhtem Terrassenblick auf das Meer! Die Qualität der Sanitäranlagen ist erstklassig und die »Duschmünze« ein Fremdwort. Im Außenbereich gibt es zudem eine Hundedusche.

Ein ganz besonderes Erlebnis ist es, im Whirlpool einen Sundowner mit Blick auf die Ostsee zu genießen. Für Kinder gibt es einen Streichelzoo, dazu einen Kinderspielbereich mit Indoor Area bei Schlechtwetter. Beachvolleyball- bzw. Bolzplatz erfreuen Jung und Alt. Doch der Höhepunkt für Hunde und ihre Besitzer ist der umzäunte Auslaufbereich unterhalb der Wohnmobilstellplätze. Damit keine Langeweile aufkommt, stehen hier auch Agility-Geräte zur Verfügung, die frei genutzt werden können. Bordhund Henry hat sich allerdings sehr für die benachbarten Ziegen interessiert. Ein Rundwanderweg und der Treppenabgang an den Strand der Steilküste komplettieren das großzügige Angebot. Hier ist ebenfalls der Ostseeradweg ausgeschildert, auf dem man bequem bis Grömitz radeln kann.

Alternativ zum Stellplatz können Sie natürlich einen Stellplatz im Campingbereich wählen. Auch hier gilt: Man zahlt, was man nutzt. Wenn Sie Ihre Kinder oder die Vierbeiner ob der Programmvielfalt nicht zu einer Weiterfahrt bewegen können oder gern selbst noch einige Tage verlängern möchten, lohnt sich ein Busausflug nach Lübeck – Abfahrt direkt am Campingplatz.

Die Preise beginnen für zwei Personen mit Wohnmobil und Hund bei sieben Euro (WC und Dusche nutzbar) im Winter. In der Nebensaison werden 17,50 Euro fällig.

Camping Walkyrien · Strandweg · D-23730 Schashagen
www.camping-walkyrien.de · GPS: N 54°7'10" E 10°55'15"

An der Ostsee findet man viele Hundestrände.

Die Dachklimaanlage ist bei großer Hitze sehr angenehm.

Luft und Temperatur beachten

40

Wohnmobilhersteller sorgen zwar für Hinterlüftung, dennoch ist regelmäßige Frischluftzufuhr bei einem Halt das A und O. Selbst eine Klimaanlage im Sommer ist keine dauerhafte Lösung. Die trockene, kalte Luft kann beim Hund Erkältungen, eine laufende Nase oder tränende Augen verursachen. Keinesfalls sollte er im Windkanal liegen. Ähnlich verhält es sich im Winter mit der Heizungsluft. Auch hier ist für einen ausreichenden Austausch der verbrauchten Luft zu sorgen. Das Liegen des Hundes vor den Ausströmöffnungen in Bodennähe ist zu vermeiden. Ist der Lieblingsplatz genau dort, sollte man die entsprechende Zufuhr schließen. Einer Warmwasserheizung z. B. von Alde ist so etwas eher fremd. Ein guter Tipp: Bei sommerlichen Fahrten zwei gegenüberliegende Fenster, etwa im Schlafbereich, in der ersten Schließstellung geöffnet lassen, damit ein leichter Luftzug entsteht. Hat die Gaszufuhr einen Crashsensor, kann die Heizung während der Fahrt laufen.

Wasser zum Trinken ... und zum Wohlfühlen

41

Für die meisten Hunde ist Wasser nicht nur zum Trinken da: Es ist gerade an heißen Tagen eine willkommene und notwendige Abkühlung. Die Fahrt im Wohnmobil kann man an Hundestränden oder geeigneten Gewässern unterbrechen, damit der Hund sich austoben und erfrischen kann. Hunde, die nicht zur Wasserratten-Fraktion gehören, sollten notfalls dazu motiviert werden. Verschiedene Hersteller wie Ruffwear bieten auch Kühl- und Schwimmwesten an. Die Kühlwesten werden in kaltem Wasser getränkt und 15 bis 30 Minuten angelegt. Ein nasses Handtuch erfüllt den gleichen Zweck. Am Urlaubsort angekommen, egal ob See, Fluss oder Meer, unterstützt eine Schwimmweste die Ausdauer von Hunden, die das Wasservergnügen besonders lieben. Schön ist auch eine Dusche. Im Campingzubehör sind auch Notduschen, wie Zelter sie nutzen, erhältlich.

42 Freundliches Kroatien – Traumziel in Europa 5

Das Land am Adriatischen Meer hat sich in den vergangenen Jahren zu einem der beliebtesten Reiseziele der Wohnmobilfahrer entwickelt. Im Hochsommer sollte man die Temperaturen jedoch nicht unterschätzen. Nicht ohne Grund wurden schon Urlaube aus Liebe zum Vierbeiner abgebrochen.

Bereits die Anreise, ob über Italien oder Österreich, ist ein Gedicht, denn schließlich folgt auch noch das kleine, aber feine Slowenien, das Wohnmobilfahrer gern willkommen heißt. Von Norden einfahrend bietet sich ein Stopp am wunderschönen See des Ortes Bled an. Dann grüßt Kroatien mit den Küstenperlen von Istrien und der Kvarner Bucht. Orte wie Porec, Rovinj, Pula, Opatija und Rijeka sind ausnahmslos Zwischenstopps, die Sie nicht verpassen sollten. Viel Kultur und Gastfreundschaft erwarten Sie neben der schönen Küstenstraße. Wer in den Monaten Juli und August unterwegs ist, wird schnell merken, welche Hitze hier herrschen kann. Jeder, der einen badefreudigen Hund hat, sollte ihm jedwede Gelegenheit für eine Erfrischung geben.

Wer am Abend an den von der Sonne des Tages erwärmten Steinen der Häuser in der Altstadt entlangschlendert, will nur noch auf die Terrasse der nächsten Taverne. Auch wenn noch nicht alles perfekt ist, ist im nördlichen Teil des Landes das Preis-Leistungs-Verhältnis wesentlich besser als im südlichen Teil. Nach Einfahrt in die Kvarner Bucht erwartet Sie die Inselwelt von Krk, Cres und Rab. Die Erreichbarkeit über den Damm ist hervorragend und die Fährenverbindungen von Krk aus sind kurz sowie günstig. Egal, wo man vor Anker geht, es ist traumhaft, die Landschaft und das Meer zu genießen.

Doch hier ist Kroatien noch lange nicht zu Ende, denn der Übergang nach Dalmatien öffnet das Tor in den Süden. Die Küstenstraße hat ihre Tücken, ist aber allemal reizvoller als eine Fahrt über die berüchtigte A 1, den ehemaligen jugoslawischen »Autoput«. Die 350 Kilometer bis zur Grenze führen zunächst nach Zadar, wo man gleich im Hafen einen Parkplatz für Wohnmobile findet. Weiter geht es über Split, bis man in Makarska die Überfahrt zur Insel Brac erreicht. Diesen Abstecher sollte man auf keinen Fall verpassen. Es warten tolle Sandstrände, während im Verlauf bis Dubrovnik ausschließlich felsige Steinküste folgt. Wer noch weitere Abstecher ins Hinterland plant, um den »Schatz im Silbersee« zu entdecken oder auf Winnetous Spuren zu wandeln, sollte schon drei Wochen Zeit mitbringen.

Im Hochsommer kann es hier dauerhaft sehr heiß werden, 40 Grad und mehr sind an der Tagesordnung. Also auf jeden Fall Strandschuhe einpacken. Hundebesitzer benötigen Kühlwesten oder -decken für ihre Lieblinge.

Der Reiseführer »Kroatien mit dem Wohnmobil« aus dem Hause Bruckmann versorgt bestens mit allen Tipps und Informationen auch für Hundebesitzer, damit die Tour ein voller Erfolg wird. Hundebesitzer müssen ergänzend Folgendes beachten: Es dürfen maximal fünf Hunde auf Urlaubsreisen mitgenommen werden, Welpen unter 15 Wochen dürfen nicht einreisen. Pit Bull Terrier, Staffordshire Bull Terrier, American Staffordshire Terrier, Bull Terrier und Miniature Bull Terrier dürfen nur mit FCI-Papieren einreisen. Maulkorb und Leine sind mitzuführen. Ein gesondertes Gesundheitszertifikat wird nicht benötigt.

Die traumhaften Küsten Kroatiens sind leider oft ohne Sandstrand.

43 Schnüffelweltmeister Hund

Hunde sind wahre Schnüffelweltmeister: Verglichen mit ihrem Super-Riechorgan sind wir Zweibeiner nahezu »geruchsblind«. Aktivitäten, bei denen sie ihr angeborenes Talent einsetzen können, machen unsere Vierbeiner sehr, sehr glücklich – auch im Urlaub.

Wenn man eine besonders artgerechte Beschäftigung für Hunde suchte, lägen Schnüffelspiele ganz vorn. Diese Tatsache kann man sich natürlich sehr gut zunutze machen – was der Mensch ja auch leidlich tut. Zum Beispiel beim Einsatz als Vermissten- und Verschütteten-Suchhund, Führhund für Sehbehinderte und vieles mehr. Bei der Trüffelsuche verhilft der Hund dem Menschen zu kulinarischen Genüssen und auf der Jagd findet er die erlegte Beute.

Die sogenannte Nasenarbeit ist übrigens nicht nur eine tolle artgerechte Beschäftigung, sondern sie besitzt auch positive Nebeneffekte: Der Einsatz der Nase hat einen enorm starken Auslastungseffekt – schließlich wollen all die gewonnenen Eindrücke auch verarbeitet werden! Schnüffelspiele gelten zudem als Beschäftigung mit Beruhigungseffekt und eignen sich hervorragend, unruhige Geister herunterzufahren. Jagdhunde wiederum schätzen die Nasenarbeit als wertvolle Ersatzbeschäftigung. Sie ist letztlich ein Garant für zufriedene, ausgeglichene Hunde.

Grundsätzlich gilt: Jeder Hund – ob Chihuahua oder Sennenhund, ob Welpe oder Hunde-Opa – kann mitmachen und ist ein geborener Schnüffelexperte. Wir können das wunderbar auf dem Stellplatz oder beim Camping ausprobieren. Wie schon mehrfach erwähnt: Wir sind ja in der Fremde unterwegs und je schneller der Hund weiß, wo sein »Übergangsheim« ist, desto besser wird er es nach einer Verwirrung finden. Bestes Beispiel ist Bordhund Henry, der an einem Silvesternachmittag, von einem lauten Knall verschreckt, auf der Gassi-Runde Reißaus nahm und ohne Probleme zum 800 Meter entfernten Wohnmobil auf dem voll belegten Campingplatz fand.

Das Training kann gleich nach der Ankunft beginnen. Der Geruch des Wohnmobils wird den meisten Hunden schon vertraut sein. Diesen kann man durch das Anbringen eines Leckerlis oder Lieblingsspielzeugs im Bereich der Treppe oder Eingangstür verstärken. Auch das Locken mit der Anwesenheit von Frauchen oder Herrchen (vorausgesetzt, einer verbleibt im Fahrzeug) ist ganz oft von Erfolg gekrönt. Je nach Stufe der Vertrautheit kann man den Hund gut in einer bestimmten Entfernung ableinen und er findet den Rest des Weges selbstständig. Dies ist übrigens auch eine der klassischen Übungen; man kann sie wunderbar mit größer werdenden Entfernungen steigern. Ein Leckerli zur Belohnung sichert den Trainingsverlauf.

Ein weiteres beliebtes Schnüffelspiel ist das Suchen und Finden von Personen auf der Spazierrunde oder Wanderung. Eine Person bleibt unbemerkt zurück oder geht vor und versteckt sich. Dann gilt es für den Hund, nach dem Vermissten zu suchen. Vor allem auch Kinder erfreuen sich an dem Spaß, der außerdem hervorragend zur Vertrauensbildung beiträgt.

Dieser feinen Nase entgeht fast nichts!

44 Ganz legal kostenlos übernachten

Wer hat nicht schon einmal davon geträumt, auf einem Weingut in Frankreich zu übernachten, beim Obstbauern in der Toskana oder auf dem Bauernhof in Spanien. Der Hund ist auch willkommen und das Ganze ist sogar kostenlos. Geht nicht – gibt es nicht!

»France Passion«, »Fattore Amico«, »España Discovery«, »Landvergnügen« & Co machen es möglich. Für durchschnittlich 29,95 Euro Jahresgebühr erhält man umfangreiche Literatur und Karten sowie eine Vignette, die man gut sichtbar auf der Windschutzscheibe platziert. Bei allen Formaten geht es gleichermaßen darum, als ausgewiesenes Mitglied der Community kostenfrei eine Nacht zu verbringen. Überwiegend handelt es sich um Bauernhöfe, Weingüter, Käsereien oder Ähnliches. Genauso gut auch um Gasthöfe, Museen oder Obstplantagen. Jedes Angebot hat seine Verhaltensregeln und alle teilnehmenden Betriebe teilen ihre Leistungen mit. Da findet man, meist mittels Symbolen, die Anzahl der Wohnmobile, die stehen können, ob es Wasser gibt oder Strom, die Toilette entleert werden kann oder das Grauwasser entsorgt. Grundsätzlich gilt jedoch: Es gibt nichts, alles Weitere ist ein freiwilliger Bonus. Sie können ersehen, bis wann eine Anreise stattfinden sollte und, ganz wichtig, ob Hunde erlaubt sind.

Das französische »France Passion« hat die größte Auswahl und Vielfalt an landwirtschaftlichen Betrieben in allen Regionen des Landes. Jedoch bedarf es häufig einer guten Planung und oft gilt: Bloß nicht im Dunkeln anreisen! Von Vorteil sind auf jeden Fall französische Sprachkenntnisse, wenigstens Begrüßungsformeln sollte man sich aneignen, nach einem Stellplatz fragen können und Ähnliches. Zur Erntezeit nimmt man häufig wenig Rücksicht auf Sie, es fehlt einfach die Zeit dazu. Dafür gehören gemeinsame Essen nach Erntehilfe, z. B. bei der Weinlese im Bordeaux, zu den unvergesslichen Erlebnissen. Gerade wenn man mit anpackt, darf man durchaus einige Tage auf dem Hof verbringen. Sehr zu empfehlen sind Hofläden, die eigene Suppen oder Aufläufe herstellen; im Wohnmobil lassen sie sich genüsslich verspeisen.

In Italien und Spanien befinden sich die Stellplätze nahezu ausnahmslos auf landwirtschaftlichen Gütern. Das gibt einem immer das gute Gefühl, die Nacht sicher auf privatem Grund und Boden zu verbringen. »Fattore Amico«

ist ganz oft italienische Gastfreundschaft pur. Wenn Sie die Gelegenheit haben, bei einer Olivenernte zu helfen, sollten Sie das unbedingt tun. Ihr Lohn wird ein unvergessliches Essen von »la mamma« im Kreise der Familie sein. Beim spanischen »España Discovery« gibt es insgesamt 150 teilnehmende Betriebe. Hier möchte ich Ihnen den Besuch einer Oliven- oder Bananenplantage im südlichen Andalusien um Granada ans Herz legen, ein unvergessliches Erlebnis.

Aus der Praxis kann ich Ihnen allerdings auch sagen: So wie alles im Leben hat auch diese Medaille bzw. Vignette zwei Seiten. Beim deutschen Angebot »Landvergnügen« ist es mehr als einmal passiert, dass die gekennzeichneten Stellplätze nahezu nicht zu finden waren, zu klein und zu eng oder eher für Kompaktmobile bzw. VW Bullis geeignet waren. Positiv sind die vielen kindgerechten Mitmachangebote und das herzliche Willkommen für Hunde.

Einfacher Wiesenstellplatz auf dem Weingut

45 Böse Verführungen

Immer wieder hört man von verwirrten Menschen, die versuchen, Hunde mit lebensgefährlichen Ködern zu verletzen oder zu vergiften. Dabei geht es nicht darum, ihre verqueren Gründe nachzuvollziehen, sondern schlicht und einfach darum, deren Auswirkungen zu vermeiden.

In der Heimat erfahren wir von derartigen Anschlägen aus der Zeitung, dem regionalen Radio, von Freunden oder Bekannten, in den sozialen Netzwerken oder durch einen Aushang im Wald. Dies alles nutzt uns z. B. in Griechenland recht wenig, da wir mit dem griechischen Alphabet meist nichts anfangen können. So ist der sicherste Weg, dass der Hund erst gar nichts vom Boden aufnimmt.

Da auch unser Henry ein wahrer »Bodenstaubsauger« ist, können wir gut nachvollziehen, wie schwer dieses Unterfangen ist, und wir wissen auch, dass so ein kleines Kapitel bei Weitem nicht ausreichend sein kann. Es ist der Versuch, Sie für dieses Thema zu sensibilisieren. Denn nicht nur auf beliebten »Hundegassi-Spazierwegen« werden immer wieder Giftköder entdeckt. Selbst in der Nähe von Waldwegen oder in Parks werden sie ausgelegt. Nicht selten sind Köder auch mit scharfen Gegenständen versetzt, wodurch sich Hunde schwer verletzen oder sogar daran sterben können. Viele Hundehalter sind aufgrund zahlreicher Meldungen und neuer Giftköderfunde verunsichert, trauen sich teilweise nicht mehr, den Hund von der Leine zu lassen. Das ist jedoch keine dauerhafte Lösung. Denn selbst wenn man den Hund an der Leine führt, kann er dennoch an einen Giftköder gelangen.

Ein guter Ansatz ist das Üben auf bekanntem Terrain – entweder im eigenen Garten oder auf einer bekannten Hundewiese. Es werden Leckerlis auf dem Boden abgelegt und durch klare Kommandos wie »Aus« oder »Ab« wird der Hund daran gehindert, etwas aufzunehmen. Dann wird der Köder aufgenommen und der Hund bekommt zur Belohnung ein Leckerli aus der Hand. In der ersten Zeit ist es sehr wichtig, die Fellnase regelmäßig an der Leine zu führen und zu kontrollieren, was sie schnüffelt und dass sie dabei nichts aufnimmt. Es wird mit dem bekannten Kommando gearbeitet und der Hund bei Erfolg gelobt.

Trotz größter Vorsicht kann es doch einmal passieren, dass der Hund einen Giftköder zu sich genommen hat. In diesen Fällen kommt es darauf an, richtig und vor allen Dingen schnell zu handeln. Vergiftungssymptome können dabei sehr vielfältig sein. Zu diesen zählen zum Beispiel:

• Unruhe oder Apathie bis hin zu Bewusstlosigkeit
• Atembeschwerden
• blasses Zahnfleisch
• Blut im Urin/Stuhl
• Muskelzittern, Krämpfe
• unregelmäßiger Herzschlag
• Erbrechen
• ungewöhnliche Größe der Pupillen
• niedrige Körpertemperatur

Diese und weitere Symptome können je nach Art und Konzentration des Giftes sehr unterschiedlich ausfallen. In der Regel ist es bei Vergiftungen nicht möglich, dem Tier durch erste Notfallmaßnahmen zu helfen. Der erste und direkte Weg sollte deshalb zum nächsten Tierarzt oder zur Tierklinik führen. Dort kann man entsprechende Maßnahmen einleiten. Helfen kann es, wenn man eine Probe vom Erbrochenen oder einen Teil des Köders vorzeigen kann. Mit einem Kotbeutel aufnehmen und nicht mit den Händen anfassen!

Der Hund muss genau wissen, bei welchem Leckerli er zugreifen darf.

Das Allgäu ist zum Wandern prädestiniert.
Entspannt die Natur genießen, auch mal abseits ausgetretener Pfade

Weniger ist mehr – wandern mit Hund

46

Nicht nur mit, sondern auch ohne Hund gehört das Wandern in der Natur klar zu den beliebtesten Freizeitbeschäftigungen. Allein in Deutschland geben ca. 38 Millionen Menschen Wandern als Hobby an. Kein Wunder, braucht die Grundausstattung Füße und Beine nicht extra käuflich erworben zu werden.

Das Schöne an der Kombination von Wandern und Wohnmobilreisen ist die mögliche Nähe zum Ausgangspunkt bzw. die Wahl, an selbigem zu bleiben. Man startet vom Stellplatz bzw. Start- oder Zielpunkt werden zum Übernachtungsplatz. Dazu kommt, dass es ansonsten wenige Sportarten oder Hobbys gibt, die für alle Alters- und Leistungsklassen etwas bieten. Das gilt sowohl für Hund als auch für Frauchen und Herrchen. Kleiner Hund, großer Hund, junger Hund, alter Hund, junger Mensch oder Senior – es klappt einfach, weil sich niemand übernehmen muss und soll. Die Ausrüstung hält sich in Grenzen und bestimmte Hunderassen kann man sogar mit Packtaschen ausstatten.

Touren, die drei bis vier Stunden dauern, sind eigentlich ein längerer Spaziergang und selbst von den kleinsten Hunden gut zu meistern. Die Wandertour von fünf bis sieben Stunden bedarf schon einiger Vorbereitung, aber auch hier gilt: Weniger ist mehr. Es geht nicht darum, neue Streckenrekorde aufzustellen, denn zehn entspannte Kilometer mit Mittagsruhe sind für den Hund und Gelegenheitssportler genauso gut wie 30 Kilometer vom trainierten Herrchen mit Husky!

Besonders bei warmem Wetter sollte man auf minimalistische Ausrüstung setzen. Sind Wasserläufe zu erwarten, braucht nicht literweise Wasser eingepackt werden. Ist unterwegs eine Jausenstation, muss nicht das komplette Picknick in den Rucksack, schließlich muss alles geschleppt werden. Immer hinein gehört das kleine Erste-Hilfe-Set, denn in eine Scherbe kann jeder mal treten. Die Wandergemeinschaft kann sich wunderbar Obst und Wasser teilen. Bei der langen Tour mit Einkehr kann man das Futter für den Hund in eine verschließbare Kunststoffbox packen.

Gemeinsamkeit schweißt zusammen. Wen Spazierengehen langweilt, der sollte unbedingt anfangen zu wandern!

47

Der Hund wird krank, was nun?

Ob zu Hause oder unterwegs spielt keine Rolle. Nicht nur uns, auch den Hund kann es erwischen. Woran merkt man, dass der Hund krank sein könnte? Vielleicht sitzt er nur apathisch in seinem Körbchen und verweigert sogar die Futteraufnahme. Reagiert er auch nicht mehr, wenn man seinen Lieblingsball wirft?

Dann deutet alles auf einen kranken Hund hin. Bei einem späteren Tierarztbesuch ist es wichtig, dass man dem Arzt die gemachten Beobachtungen genau schildert. Aufgrund des Verhaltens des Hundes und mittels weiterführender Untersuchungen kann der Arzt eine mögliche Krankheit diagnostizieren.

Sobald man den Verdacht schöpft, dass der Hund krank sein könnte, sollte man Fieber messen. Hierzu bedient man sich des digitalen Fieberthermometers aus der Reiseapotheke, welches in die Afteröffnung des Hundes eingeführt wird. Die Normaltemperatur liegt zwischen 38 und 39 Grad. Alles, was darüber liegt, ist ein sicheres Krankheitszeichen. Nicht alle Krankheiten des Hundes äußern sich jedoch anhand von Fieber, Apathie, Durchfall oder Erbrechen.

Hat sich der Hund verletzt und hat eine blutende Wunde, sollte in jedem Fall eine Erstversorgung stattfinden und anschließend der Tierarzt aufgesucht werden. Ist man auf dem Campingplatz, kann man an der Rezeption nach einer Adresse fragen, vor Ort auf die Infotafel schauen, sonst die Polizei oder das Rathaus aufsuchen. Wer online ist, findet bestimmt auch im Internet schnell Hilfe. Außerdem ist es wichtig, den Hund zu beruhigen, da er, falls er unter Schock steht, unter Umständen anders reagiert als sonst – z. B. mit ungewohnter Aggressivität.

Hautprobleme wiederum können ganz unterschiedliche Ursachen haben. Hier gilt es, die Verhaltensänderung genau zu dokumentieren, um dem Tierarzt die Ursachenforschung und damit das Erkennen der Krankheit zu erleichtern. Wichtig ist in allen Fällen, in denen eine Eigendiagnose nicht möglich ist, den Rat eines Tierarztes hinzuzuziehen, denn die richtige Tablette oder eine kleine Spritze können Wunder wirken. Anschließend verbleibt man am Reiseort, bis eine merkliche Besserung eintritt. Denn hier kennt man sich schon ein wenig aus, der Hund findet Ruhe und schnelle Genesung.

Wie der Mensch kann sich auch der Hund gesund schlafen.

48 Faszinierendes Spanien – Traumziel in Europa 6

Spanien ist ein Land voller faszinierender Gegensätze: Da sind die Küsten des Atlantiks und des Mittelmeers, die Pyrenäen im Norden, die großen Ebenen in der Landesmitte mit unendlichen Olivenhainen und die grandiose Sierra Nevada im Süden. Für eine Erkundung bringt man am besten ein bisschen Zeit mit.

Für die Einreise mit Hund gilt zusätzlich: Jungtiere bis zwölf Wochen benötigen eine tierärztliche Bestätigung, dass das Tier an seinem Geburtsort gehalten wurde, ohne mit wild lebenden Tieren in Kontakt gekommen zu sein, oder begleitet wird von seiner Mutter, von der es noch abhängig ist. Bestimmte Hunderassen unterliegen, von Region zu Region unterschiedlich, einem Einfuhrverbot bzw. der Maulkorbpflicht. Hierzu gehören: Pit Bull Terrier, Staffordshire Terrier, American Staffordshire Terrier, Rottweiler, Dogo Argentino, Fila Brasileiro, Tosa Inu und Akita Inu. Da sich diese Regeln kurz-

fristig ändern können, sollte man die Informationen dazu bei der Botschaft oder den Touristeninformationen aktuell erfragen.

Spanien ist aufgrund des milden Klimas seit Jahren das Ziel von Wohnmobilisten, die hier auch den Winter verbringen. Das Land ist überhaupt ein tolles Ganzjahresziel. Das Hinterland hält sehr schöne Landschaften mit wunderbaren Stellplätzen bereit, die oft in keinem Verzeichnis aufgeführt sind. Für einen mehrwöchigen Aufenthalt lohnt sich die Anschaffung der Vignette »España Discovery«, siehe dazu auch Kapitel 44.

Sozialisierte Hunde sind eigentlich immer willkommen, wobei in einigen Landesteilen wild lebende Tiere inzwischen zu einem Problem geworden sind und die Einheimischen nicht angeleinte Vierbeiner nicht besonders mögen. Für Hundehalter gilt es an manchen menschenleeren Abschnitten, die Augen nach streunenden Hunden offen zu halten.

Städtenamen wie Barcelona, Granada, Sevilla sind Kulturfans ein Konzert in den Ohren und warten nur darauf, erobert zu werden. Für all diese Städtetouren ist ein Campingplatz außerhalb zu empfehlen, da die Stellplatzsituation sehr undurchsichtig ist. Auf dem Campingplatz stehen Sie sicher und können bequem die öffentlichen Verkehrsmittel nutzen. Grundsätzlich sollten Sie Schilder, die das Übernachten mit Wohnmobil verbieten, beachten.

Unberührte Natur mit Blick auf die Berge im Norden Spaniens

49 Der Maut-Dschungel in Europa

Nicht nur für uns ist Deutschland das gelobte Mautland, nein, besonders auch für den ausländischen Touristen ist unsere Heimat ein attraktives Reiseziel. Man wird besonders französische, italienische, österreichische, skandinavische und schweizerische Wohnmobile in vermehrter Anzahl antreffen.

Im Vergleich zu den Kosten eines Frankreichurlaubs gilt unser Land als Schlaraffenland, denn in Frankreich summieren sich 1500 Kilometer Autobahnnutzung je nach Klasse schnell auf 140 bis 200 Euro. Das entspricht der Gebühr für zehn Übernachtungen auf einem Campingplatz in der Nebensaison! Da kann man eigentlich von Glück sprechen, dass noch keiner unserer Nachbarn auf die Idee gekommen ist, eine Einreisegebühr für Hunde zu erfinden.

Wer darüber hinaus denkt:»Ein Europa – eine Vignette«, der wird gleich eines Besseren belehrt. So vielfältig wie Europa ist, so vielfältig sind auch die Eintreibungsmodelle der verschiedenen Länder. Für Wohnmobile bis 3,5 Tonnen ist es meist unkompliziert, da sie oft die gleiche Vignette erhalten wie ein Pkw. Dies gilt z. B. für Österreich oder Tschechien. Komplizierter wird es für die Fraktion der Wohnmobile über 3,5 Tonnen. Diese benötigen oftmals eine elektronische Box, wo die Gebühren per Signal abgebucht werden. Besonders in Österreich müssen Sie darauf achten, dass Ihre Fahrzeugdaten an die entsprechende Stelle gefaxt werden, da die GO-Box sonst nicht aktiviert ist und als nicht anwesend betrachtet wird. In der Schweiz lösen Sie einfach an der Grenze im Zollbüro die Schwerlastabgabe für zehn Tage, die man im Lauf eines Jahres abfahren kann. Die Kosten liegen dann lediglich bei 32 Euro.

Wenn Sie z. B. in Großbritannien unterwegs sind, müssen Sie wissen, dass die Gebühr für das»Dartford Crossing« der Themse vorab oder spätestens 24 Stunden nach Nutzung bezahlt sein muss. Auch in Norwegen können Sie für die wenigen Abschnitte vorab Ihre Kreditkartennummer hinterlegen. Italien, Frankreich, Spanien oder auch Kroatien kassieren die Gebühren streckenabhängig nach Kilometerleistung. Hier immer darauf achten, dass das Wohnmobil der richtigen Klasse zugeordnet wird.

Wichtig ist also, sich über die landesüblichen Bestimmungen eingehend zu erkundigen, bevor Sie ein Land befahren.

Infos zu Straßengebühren in Europa auch unter www.adac.de

Hund kaufen ist nicht schwer, erziehen dagegen schon mal sehr!

7 No-Gos – diese Patzer sind tabu

Zum guten Hören braucht es gute Kommandos. Das erleichtert das gemeinsame Leben auf Stell- und Campingplatz sowie im kleinen Raum des Wohnmobils. Darum nachfolgend einmal sieben No-Gos für Hundehalter, denn nicht immer ist der treue Freund der Dumme.

1. Inkonsequenz verwirrt den Hund. Bekommt er regelmäßig etwas am Frühstückstisch, soll aber grundsätzlich nicht betteln, versteht er das nicht. Die Regeln müssen eingehalten werden.

2. Widersprüche sind eine Form von Inkonsequenz. Der Hund verbindet einen Befehl auch mit Mimik und Gestik. Körpersprache und Kommando müssen zusammenpassen, ein leises gesäuseltes »Aus« ist keine Dringlichkeit. Ein bestimmtes, deutliches »Aus« nimmt er ernst, auch wenn es auf Entfernung von hinten erteilt wird.

3. Grobheit in Verbindung mit Gewalt ist in der Hundeerziehung tabu! Mit grober Erziehung erreicht man kein gewünschtes Verhalten durch Verstehen, sondern durch Angst. Es zerstört die Mensch-Hund-Freundschaft und fördert Verhaltensstörungen.

4. Vermenschlichung verwirrt den Hund. Er möchte ein vollwertiges Familien- bzw. Rudelmitglied sein, aber vor allem Hund. Den Hund nicht tragen, hochheben und herzen, dann fühlt er sich meist unwohl; er möchte festen Boden unter den Pfoten.

5. Falsches Timing, egal ob positive oder negative Verstärkung, ist immer schlecht. Lob oder Tadel, der nicht im Zusammenhang mit Aktion steht, ist wirkungslos. Wenn der Hund etwas besonders gut macht, das Leckerli sofort geben. Möchte man ihn für ein Fehlverhalten tadeln, dann auch unmittelbar; eine Minute später hat er es vergessen.

6. Mehrfach-Kommandos sind eine Dauerbeschallung, die Autorität untergraben und für alle Beteiligten nervig sind. Wenn man »Platz« ruft und der Hund stattdessen sitzt, nützt auch siebenmaliges Wiederholen nichts, dann muss das Kommando noch mal trainiert werden.

7. Ungeduld gehört nicht in die Hundeerziehung. Auch für den Hund gehören Fehler beim Lernen dazu. Wichtig ist, Geduld mit dem Vierbeiner zu haben und ihn niemals zu überfordern. Bei einer Problemübung nicht drängen.

51 Stellplatz mit Hundezaun

Ja, das gibt's: Rund um das Wohnmobil prangt ein Zaun, gleich nach Einstellung der Satellitenantenne um das Markisenfeld des Wohnmobils drapiert. Vier Zwergpinscher drehen darin kläffend ihre Runden und beschallen den Stellplatz. Ein Albtraum für Erholungsuchende. Das Ganze lässt sich durch Aufstellen von Blumenkästen inklusive Gartenzwerg toppen. Stellt sich die Frage, was diese Dinge auf dem Wohnmobilstellplatz suchen? Und gerade Besitzer mehrerer Hunde haben auch dafür zu sorgen, dass ihre »Rasselbande« andere nicht stört. Derartiges Verhalten gehört höchstens auf den Campingplatz, wo jedem Nutzer eine entsprechende Fläche zur freien Verfügung steht. Doch selbst dort sollte man Rücksprache halten. Der öffentliche Wohnmobilstellplatz in der Hand von Städten und Gemeinden aber sollte genau für den Zweck genutzt werden, für den er vorgesehen ist.

52 Top-Ten-Reiseländer mit Hund

Eine Studie der Reisesuchmaschine Kayak.de listet die Top Ten der hundefreundlichsten Reiseländer weltweit. Berücksichtigt wurden alle Unterkünfte inklusive Camping, bewertet nach Aspekten wie Erreichbarkeit, Akzeptanz und Freizeitgestaltung. Fast alle sind mit dem Wohnmobil gut anzusteuern. Nur Kanada ist mit Hund ein logistischer Aufwand, aber nicht unmöglich. Die Ergebnisse in der Übersicht: Die Schweiz belegt den 1. Platz, danach folgen Deutschland, Tschechien, Österreich, Frankreich, Polen, Italien, Schweden, Kanada und schließlich auf Platz 10 Marokko. Marokko ist vielleicht eine kleine Überraschung. Wenn man allerdings weiß, dass viele Hotels und Campingplätze von Europäern betrieben werden, relativiert sich das. Deutschland steht mit den Ganzjahreszielen Nord- und Ostseeküste sowie Allgäu und Baden-Württemberg völlig zu Recht auf dem Treppchen. Auch Harz und Sauerland haben mächtig aufgeholt.

Bitte Rücksprache halten, wenn es unbedingt sein muss.
Europa ist schön und hat grenzenlos viel zu bieten.

53

Alpenrepublik Schweiz – Traumziel in Europa 7

In vielen Gesprächen wird das Wohnmobil-Reiseland Schweiz ganz oft auf das Thema hohe Reisekosten reduziert. Dies wird ihm aber bei Weitem nicht gerecht. Wer einmal eine Tour über Pässe oder entlang der Seen durch die Kantone genossen hat, wird seine Meinung ganz schnell ändern.

Immerhin sind allein im Bordatlas mittlerweile ca. 70 Wohnmobilstellplätze verzeichnet, darunter auch einige in der Preisklasse von 0 bis 15 Euro. Überdies entdecken immer mehr Campingplatzbetreiber den Stellplatz vor ihrem Gelände oder bieten verkleinerte Stellflächen mit Rabatt speziell für Wohnmobile an.

Die tollen Naturerlebnisse lassen sich manchmal nur schwer in Worte fassen und viele Stellplätze bieten einfach spektakuläre Ausblicke. Das Befahren der fantastischen Straßen ist eine helle Freude und auch die Abwicklung der Vignette bis 3,5 Tonnen bzw. Schwerlastabgabe für Wohnmobile über 3,5 Tonnen ist völlig unproblematisch. Hunde sind im ganzen Land gern gesehene Gäste, wie es das vorhergehende Kapitel schon belegte.

Die Schweiz ist kein EU-Mitglied. Für die Einreise mit Hund benötigt man einen EU-Heimtierausweis, eine Mikrochip-Kennzeichnung sowie eine gültige Tollwutimpfung (mindestens 21 Tage alt). Welpen unter zwölf Wochen bzw. Welpen zwischen 12 und 16 Wochen, die eine Tollwutimpfung erhalten haben, aber noch nicht die vorgeschriebenen 21 Tage zum Erreichen des Impfschutzes erfüllen, benötigen zu Pet-Pass und Microchip noch die Erklärung eines von der Behörde zugelassenen Tierarztes, in der bestätigt wird, dass das Jungtier vorher nur an seinem Geburtsort gehalten wurde (Tollwutunbedenklichkeitsbestätigung). Die Einreise ist auch gestattet, wenn das Tier von seiner Mutter, von der es noch abhängig ist, begleitet wird (und die alle Anforderungen zur Einreise erfüllt). Welpen bis 56 Tage müssen zwingend von ihrer Mutter begleitet sein. Die Impfung gegen Staupe und Leptospirose wird empfohlen, ist aber kein Muss.

Einen wunderschönen Stellplatz findet man z. B. in Dürrenroth an der Heidelbeerplantage »Blueberry Hill« mit einem tollen Weitblick über das Emmental bis zu den Gipfeln der Alpen. Der historische Ortskern ist fußläufig erreichbar und mit dem Hund geht es unmittelbar auf die Gassi-Runde. Es gibt einen Hofladen und der Emmentaler Radweg grenzt an. Nur drei Kilometer entfernt ist eine Schaukäserei und der Gasthof »Bären« in Dürrenroth wird von der UNESCO im historischen Verzeichnis geführt. Der Stellplatz liegt 20 Kilometer nordöstlich von Bern im gleichnamigen Kanton und schlägt mit zehn Schweizer Franken zu Buche.

Peter & Brigitte Bracher · Brunnen 54 · CH-3465 Dürrenroth,
www.bracher-spezialitaeten.ch · GPS: N 47°3'56.82" E 7°45'58.22"

Spektakuläre Aussicht auf dem Wanderweg um den Bachalpsee

Jede Rasse hat ihre eigenen Anforderungen bei der Bewegung.

Wie viel Bewegung tut not?

54

Jeder Hundebesitzer stellt sich die Frage: Wie oft ist genug gegangen und wann wird das Gassigehen für den Hund zu viel?

Jede Fellnase ist einer bestimmten Hundegruppe zuzuordnen. Wenn man also weiß, zu welcher der eigene Hund gehört, ist es relativ einfach, das richtige Maß und die geeignete Beschäftigungsart zu finden. Bedingt durch Größe, Alter, Gesundheitszustand und die Wetterverhältnisse gibt es große Unterschiede.

Einen hohen Bewegungsdrang haben vor allem Gebrauchshunde wie der Schäferhund, Treibhunde wie der Bouvier oder Hütehunde wie Border Collie oder Sheltie. Diese Hundegruppen benötigen nicht nur körperliche, sondern auch geistige Förderung, sonst sind sie schnell gelangweilt und unterfordert. Zu empfehlen sind zwei Stunden Bewegung oder drei Runden à 30 Minuten. Hinzu kommt eine intensive geistige Beschäftigung von nochmals 30 Minuten.

Die nächsten Artgenossen suchen stets die sportliche Herausforderung und weniger die kognitive. Dazu gehören Jagdhunde, Jagdgebrauchshunde, Windhunde, Vorstehhunde, aber auch Pinscher und Schnauzer. Sie brauchen zwei Stunden intensive Bewegung, gern lauflastige Gassi-Gänge und Ausdauerläufe von 30 Minuten und mehr. Beagle, Bracken und Vorstehhunde lieben dazu die Nasenarbeit und Windhunde als Sichtjäger kurze, intensive Sprints. Geistig reichen ihnen 15 Minuten am Tag völlig.

Terrier sind klein, quirlig, lernfreudig und lebhaft. Klein heißt aber nicht weniger Bewegung. Dreimal 20 bis 25 Minuten mögen sie schon und dazu 20 Minuten geistige Beschäftigung. Dabei gibt es spezielle Typen wie den Tibet-Terrier, der eher als Hütehund einzustufen ist.

Zur letzten Gruppe der Gesellschafts- und Begleithunde gehören Chihuahua, Mops & Co. Stundenlanges Ausdauertraining ist hier fehl am Platz, da sie nicht für die Jagd gezüchtet wurden. Tägliche kleinere, spielerische Abwechslungen sind trotzdem gern gesehen, da ansonsten schnell Übergewicht droht. Zweimal 20 Minuten und ein paar kurze Spieleinheiten sind ausreichend. Vor allem den kurzköpfigen Rassen wie Mops können sportliche Aktivitäten eher Schaden zufügen, da diese oftmals unter Atembeschwerden leiden und dies schnell zu einer Überhitzung führen kann.

55 Was Neues für die Teambildung

Lust, etwas Neues auszuprobieren? Neugierig auf ein wenig Action, gepaart mit Präzision, bei der die Kommunikation zwischen Mensch und Hund gefordert ist? Sie kann einfach wie auch anspruchsvoll sein und schnell vom Mensch-Tier-Team erlernt werden. Testen Sie selbst!

Bei der Rallye Obedience ist das Wohnmobil nur gefragt, um an den Turnierort zu gelangen. Die Sportart wurde von Charles »Bud« Kramer Ende der 1990er-Jahre erfunden und erfreut sich zunehmender Beliebtheit, denn sie ist abwechslungsreich und spannend. Ohne großen Aufwand lässt sie sich auch auf dem Hundeplatz oder sogar im heimischen Garten realisieren.

Das Mensch-Hund-Team bewegt sich dabei möglichst schnell mit dem Hund bei Fuß oder an der lockeren Leine durch einen Parcours, auf dessen Weg verschiedene Stationen zu durchlaufen und Aufgaben zu erfüllen sind. Die Anforderungen sind unkompliziert und werden auf kleinen Schildern präsentiert. Dem Team wird mitgeteilt, was an dieser Stelle zu tun ist und in welcher Richtung es weitergeht. An den Stationen kann es z. B. einen Slalom um Pylonen, eine Hürde, Vorsitzen, Bleib-Übungen und so weiter geben. Danach geht's um 90, 180, 270 oder 360 Grad weiter. Im Schnitt gibt es 20 dieser Übungen, die in einer vorgegebenen Zeit, etwa vier bis fünf Minuten, zu absolvieren sind. Das Feld hat dabei eine Größe ab 15 × 24 Meter.

Es gibt eigentlich kein Team, für das sich diese Sportart nicht eignet. Große und kleine, alte und junge, schwere und leichte, unbegrenzt mobile und mobilitätsbegrenzte Menschen und Hunde können und sollen teilnehmen. Die Aufgaben sind nicht schwer und die Ergebnisse lassen sich gut durch Üben verbessern. Davon abgesehen wird für den Rallye-Obedience-Parcours so wenig Zubehör benötigt, dass sich jeder mit minimalem materiellen und finanziellen Aufwand seinen persönlichen Parcours zusammenstellen kann, der dazu noch unbeschränkt mobil ist und im heimischen Garten genauso wie auf der Hundewiese oder im Urlaub zum Einsatz kommen kann. Ein weiterer Pluspunkt: Mit der Zeit werden Ihre Aktivitäten auf dem Campingplatz wahrgenommen und Sie können vielleicht andere zum Mitmachen animieren.

Die Aufgaben können je nach Rasse völlig unterschiedlich sein.

56 Die Frage der Toilettengänge

Auf dem Stellplatz und beim Camping lässt es sich kaum vermeiden, dass der Hund sich auch mal im Bereich des Wohnmobils flüssig entleert. Damit aber die Grünflächen nicht zur ständigen Hundetoilette werden, sollte man einen gewissen Rhythmus einhalten, was auch die Blase des Hundes entspannt.

Wie häufig ein erwachsener Hund, egal ob großer oder kleiner Artgenosse, mal muss, hängt von einigen Faktoren ab. Hierzu zählen Gesundheit, Alter, Rasse und Stress. Als Anhaltspunkt gilt, dass ein Hund ca. alle drei bis vier Stunden an die frische Luft sollte, um sich flüssig zu erleichtern. Zählt man dies zusammen, ist man bei fünf- bis sechsmal täglich. In der Nacht oder während ausgedehnter Schlafphasen am Tag sind die Abstände meist erheblich größer. In Wachphasen oder unterwegs auf der Fahrt sollte man die Blase der Fellnase aber nicht überreizen. Schließlich gibt es Hunde, die aufgrund ihrer Erziehung nur im allerletzten Notfall zu Hause oder im Wohnmobil pinkeln würden. Wenn der Vierbeiner öfter muss als gewohnt, kann das stressbedingt sein – durch Umwelteinflüsse oder visuelle Ablenkungen.

Der erste Gang ist der wichtigste des Tages, denn er dient einzig und allein der Entleerung der Blase. Dieses erste Mal dauert entsprechend länger, ähnlich wie der letzte Gang vor der Nachtruhe. Die darauffolgenden Gassi-Runden des Tages haben dann eher sozialen Aspekt. Man tauscht sich mit den Artgenossen aus, »liest« Neuigkeiten.

Anders sieht es mit dem Häufchen aus, das sehr von der Art und Verwertbarkeit des Futters abhängig ist. So kann es sein, dass ein Hund einen ganzen Tag darauf verzichten kann, ohne dass man sich darüber Gedanken machen müsste. Die größte Rolle spielt, ob man Nass- oder Trockenfutter reicht, weil dies direkten Einfluss auf die Wasseraufnahme hat und somit wiederum auf die Intensität der Blasenentleerung. Das Markieren von Rüden ist hiervon auszunehmen, da es zu jedem Spaziergang dazugehört.

Zum Schluss also die Bitte an Hundebesitzer: Macht die besonders intensiven Gänge mit den Hunden am Morgen und Abend besser außerhalb von Stell- oder Campingplatz! Denn hier findet man die Freiheit, die der Hund vielleicht benötigt, und 30 Minuten sind ein guter Zeitansatz.

Wie lange bleibt der Hund allein?

Wie der Mensch muss auch der Hund lernen, mit seiner Einsamkeit umzugehen. Mal für sich zu sein ist sowohl für den Menschen als auch für den Vierbeiner eine schöne Sache.

Die Welpenzeit endet in der 16. bis 18. Lebenswoche mit dem Übergang zum Junghund. Da man einen Welpen frühestens in der 12. Woche übernehmen sollte, sei die Frage erlaubt, ob man ihn in den ersten Wochen überhaupt allein lassen muss. Wenn ja, sind zwei Stunden das absolute Maximum. Der kleine Hund ist Alleinsein nicht gewohnt, braucht Aufmerksamkeit und Geborgenheit. Außerdem neigt er dazu, noch unkontrolliert seine Blase zu entleeren.

Junghunde sollten eigentlich auch nicht länger allein bleiben, können aber schon mal drei Stunden schaffen. Mit ihnen sollte man beginnen, dieses Alleinsein ein wenig zu üben. Dabei ist zu beachten, dass sich zu Beginn Unarten wie Möbelkauen, Herumjaulen, unaufgefordertes Bellen und fortwährendes Umherlaufen einstellen können. Vielleicht befragt man einfach die Nachbarn, ob es Auffälligkeiten gab. Sollten die Sitzpolster im Wohnmobil zerlegt sein, weiß man es auch so.

Erwachsene Hunde über 18 Monate schaffen es problemlos, vier bis fünf Stunden allein zu sein. Wenn ihnen das Alleinsein peu à peu beigebracht wurde und sie gelernt haben, währenddessen zu schlafen, ist das nicht schlimm, ganz im Gegenteil vielleicht für beide Parteien eine kleine Auszeit. Bei älteren Hunden kommt es darauf an, ob sie schon Alterserscheinungen haben. Muss die Fellnase z. B. öfter urinieren oder leidet sie unter Fernweh, kann es wieder auf zwei Stunden zurückgehen.

Der Hund merkt schnell, dass man immer wiederkommt. Darum ist es nicht notwendig, sich überschwänglich zu verabschieden bzw. bei der Rückkehr die Wiedersehensfreude des Hundes zu erwidern, wie immer diese auch ausfällt. Ein Leckerli zum Abschied, frisches Wasser im Napf oder ein Spielzeug, auf dem er gern kaut, lenken ihn wunderbar ab. Wer Lust hat, kann ja mal die ersten Minuten nach dem Weggehen filmen, um zu sehen, was der Racker so unternimmt. Bei Bordhund Henry dauert es im Schnitt fünf Minuten, bis er sich zusammenrollt und seine Ruhe genießt.

Sonniges Griechenland –
Traumziel in Europa 8

Eines der Traumziele für Generationen von Wohnmobilfahrern war und ist Griechenland. Wer kennt nicht die Geschichten aus der »Hippiezeit« vom unbeschwerten Leben unter der ewigen Sonne des Peloponnes und den süßen streunenden Hunden, von denen so mancher den Weg nach Deutschland fand.

Geschichte und Tradition, Gastfreundschaft und Sonne – wer nach all dem auf der Suche ist, sollte sein Wohnmobil packen und einen der italienischen Häfen ansteuern, von wo die Fähren über das Adriatische Meer ablegen. Die gewählte Reisezeit entscheidet darüber, wie viel Sonne und Wärme, manchmal eher Hitze, den Urlauber erwartet. Griechenland besitzt mit Kreta das südlichste Stück Land Europas im Mittelmeer! Auch der südliche Peloponnes ist im Winter schneefrei. Ob Januar oder Oktober, immer findet man ein schönes Plätzchen. Hunde sind herzlich willkommen und ab Frühjahr macht Camping an Bord die Überfahrt auch für die Vierbeiner mehr als angenehm. Da Griechenland zur EU gehört, gibt es außer den allgemeinen Einreisebe-

stimmungen für Hunde nichts zu beachten. Wer das Land im Hochsommer bereisen möchte, sollte jedoch die ortsüblichen Temperaturen von 40 Grad bedenken. Bereits ab neun Uhr steigen die Werte auf mehr als 25 Grad und es ist ratsam, die Morgenstunden für ausgedehnte Spaziergänge und Besichtigungen zu nutzen. Ab Mittag liegt auch der einheimische Hund in der Ecke und hält Siesta.

Im späten Frühjahr zeigt sich das Land von seiner schönsten Seite. Alles blüht und selbst die Natur scheint es zu genießen, wenn sie grünt und Feuchtigkeit bekommt. Selbstverständlich ist auch der Herbst eine angenehme Reisezeit, nur ist es dann viel farbloser oder besser gesagt zum Großteil verdörrt. Wer meeresaffin ist, der ist auf den abwechslungsreichen Fingern des Peloponnes bestens aufgehoben. Es gibt einsame Buchten zu entdecken und strandnahe Tavernen gewähren den mobilen Gästen oft eine freie Übernachtung. Antike Stätten aus der jahrtausendealten Geschichte kann man entdecken und in den weiten Hochebenen der Mani findet man sogar verlassene Dörfer. Am Ende der Rundfahrt wartet der Golf von Korinth, dessen Küste man wunderbar folgen kann und von dem sich wunderbare Abstecher ins Hinterland, z.B. auch mit historischen Dampflokomotiven, anbieten.

Aufgrund der weiten Anreise sollte man sich nach Möglichkeit drei Wochen Zeit lassen. Wer noch mehr Zeit erübrigen kann oder gar das zweite oder dritte Mal hier ist, dem sei eine Fährüberfahrt nach Kreta empfohlen.

Kreta bietet tolle Küstenabschnitte und wird von Piräus oder Thessaloniki angefahren.

Eine Dusche zur Erfrischung oder Reinigung ist immer praktisch.

Der genormte Wasseranschluss

59

Zu einer Zeit, als auch das Wohnmobil immer innovativer und komfortabler wurde, sagen wir mal so um 1968, erfand ein kleines Unternehmen aus Ulm ein Stecksystem für Wasseranschlüsse, welches es ermöglichte, mittels Adapter überall auf der Welt Wasser für das Wohnmobil aufzunehmen.

Doch die Geschichte seiner Verbreitung ist eine ganz andere … Erstaunt stand nämlich einst ein Hundebesitzer an einer Wasserentnahmestelle, sah einem anderen zu, der ebendiesen Adapter aufschraubte und mittels Schlauchstück mit Duschkopf in 30 Sekunden eine komfortable Hundedusche hatte. Binnen kürzester Zeit wurde das eigene Wohnmobil mit diesem wunderbaren Zubehör ausgestattet. Denn auch die Frischwasseraufnahme wurde so zu einem Kinderspiel. Eine kurze Ablenkung des Eigentümers reichte allerdings aus und der rot-graue Adapter blieb an Ort und Stelle. Dieses Phänomen sorgte dafür, dass der Nächste ihn entdeckte und mitnahm, um dem rätselhaften Ding auf die Spur zu kommen. Wieder zu Hause angekommen, wurde man im Gartenzubehör fündig.

Da der deutsche Wohnmobilist diesen Anschluss nun auch in Frankreich, Italien, Spanien oder sonst wo vergaß, war der Siegeszug nicht mehr aufzuhalten. Heutzutage liegt dieses System millionenfach in Garagen und Staufächern aller Wohnmobile dieser Welt. Es gibt sogar Versorgungsstellen auf Wohnmobilstellplätzen, die ihn stationär in Metallform angebracht haben. Wer jetzt meint, die Geschichte sei erstunken und erlogen, den möchte ich fragen, ob er noch nie einen aufgeschraubten Adapter an einer Wasserentnahmestelle vergessen hat?!

60 Fakten, Fakten, Fakten

Laut der letzten statistischen Erhebung gibt es in Deutschland ca. 7,5 Millionen Hunde und in Berlin fallen täglich 55 Tonnen Hundekot an. Der kleinste Hund der Welt ist 8,1 Zentimeter groß, ist ein Yorkshire Terrier und wohnt in Großbritannien.

15-mal größer ist die Dänische Dogge Zeus aus den USA, nämlich 1,11 Meter und damit der größte Hund aller Zeiten. Aber es gibt noch viel mehr interessante Fakten zu Fragen, über die sich so mancher schon seine Gedanken gemacht haben wird, aber vielleicht noch nicht die richtige Antwort gefunden hat:

Warum wissen Hunde, was wir Menschen wollen? – Sie können die Körperzeichen des Menschen besser interpretieren als Schimpansen. Das haben Studien gezeigt. Hunde können sogar Gesichter unterscheiden.

Warum stinken Hunde, wenn sie nass sind? – Weil durch die Nässe Duftstoffe freigesetzt werden, die jeder Hund in seiner Haut bildet.

Warum fressen sie Schnee? – Einfach nur, weil es Spaß macht. Aber Achtung: Hunde können davon krank werden, wenn der Schnee verunreinigt ist.

Warum können Hunde so gut riechen? – Weil sie zehnmal mehr Riechzellen haben als wir Menschen – nämlich rund 200 Millionen.

Warum gähnen Hunde ständig? – Es gibt zwei Gründe: entweder, weil sie wirklich müde sind, oder aus Unsicherheit. Dann ist das Gähnen eine Übersprungshandlung.

Warum fressen Hunde Gras? – Weil da viel Zucker drin ist und sie das einfach lecker finden.

Warum hecheln Hunde? – Sie können nicht schwitzen und hecheln, um die Körpertemperatur auszugleichen.

Warum schnuppern sie an fremden Hundehaufen? – Da sind Botenstoffe drin, an denen sie fremde Hunde erkennen können.

Warum reagieren Hunde nicht auf rote Ampeln? – Weil sie die Farbe Rot nicht erkennen können.

Warum reagieren manche Menschen allergisch auf Hunde? – Fakt ist: Eine Hundehaar-Allergie gibt es nicht. Aber: Manche Menschen reagieren allergisch auf ein Protein, das über Speichel oder Haut abgesondert wird.

(Unnützes) Wissen über den besten Freund des Menschen

Hier hat der Hund alles im Blick oder findet seine Ruhe.

Der Hund allein im Wohnmobil

Der Hund sollte lernen, dass es auch unterwegs nichts Außergewöhnliches ist, mal für eine gewisse Zeit allein im Wohnmobil zu sein. Dabei gilt es einiges zu beachten, denn viele Dinge sind für den Hund vermutlich anders, als er es zu Hause in den eigenen vier Wänden gewohnt ist.

Auf der Urlaubsreise oder Wochenendtour gibt es viele Situationen, in denen es zwangsläufig vorkommt, dass der Hund alleine im Wohnmobil bleiben soll. Meistens fällt dies zeitlich gar nicht ins Gewicht und findet auf sicherem Terrain statt: Man geht kurz an die Rezeption des Campingplatzes, zum Geschirrabwaschen, in die Sanitäranlagen oder schnell um die Ecke in den angeschlossenen Supermarkt.

Im Gegensatz zu der Trennung für mehrere Stunden in den heimischen Mauern sollte man auf dem Camping- oder Stellplatz bei kurzzeitigem Verlassen bis zu zehn Minuten keine wie auch immer gearteten Rituale durchführen. Sicher haben Hunde die Möglichkeit, aus dem Fenster oder auch von einem der vorderen Sitze zu sehen, wohin ihre Herdenführer jetzt gehen oder was sie tun. Schnell wird der Hund merken, dass dies ein normaler Vorgang ist, was bei der Rückkehr einfach mit einem »Da bin ich wieder« kundgetan wird. Sollte der Hund am Anfang trotzdem eine Szene machen, schickt man ihn auf seinen Platz und sobald er sich beruhigt hat, kann man ihn lobend streicheln oder ihm auch ein Leckerli reichen. Eine schöne Übung ist es z.B., die Schuhe anzuziehen und das Wohnmobil zu verlassen. Kurze Zeit später kehrt man zurück und zieht die Schuhe wieder aus. Das Ganze wiederholt man ein paarmal, bis die Fellnase die Signale erkennt und einordnen kann.

Mitunter gilt es allerdings abzuwägen, ob nicht doch eine Person bei dem Hund im oder am Fahrzeug bleibt; Alleinreisenden stellt sich diese Frage nicht, sie haben keine Wahl. Steht man nämlich auf dem Supermarktparkplatz unterwegs, kann es je nach Örtlichkeit und Lage empfehlenswert sein, das Wohnmobil nicht unbewacht zu lassen. Selbst wenn man der Meinung ist, dass Bruno, der 45-Kilo-Boxerrüde, genau die richtige, Respekt einflößende Bewachung ist. Zu viel Verantwortung, die man seiner Fellnase überlässt, denn auch sie ist verwundbar.

62 Winterurlaub bringt Spaß

Jede Jahreszeit hat zweifellos ihren eigenen Reiz, doch für viele Hunderassen ist gerade der Winter die reine Freude. Liegen sie in der Hitze des Sommers eher faul und träge umher, erblühen sie in gemäßigter Kälte zu wahrem Leben.

Sicher haben jetzt die meisten Leser die großen Rassen wie Labrador, Neufundländer oder gar Husky vor Augen. Sie verkörpern das klassische Bild von Hunden, die gern im Schnee toben oder auch bei Eiseskälte gemütlich draußen liegen. Da ist es doch gut, wenn auch Frauchen und Herrchen mit dem winterfesten Wohnmobil den Winterurlaub für sich entdeckt haben. Nun stellt diese Urlaubszeit allerdings alle vor neue Herausforderungen. Der Innenraum des Fahrzeugs muss gut organisiert sein, denn nasses und feuchtes Fell sollten am besten vor dem Wohnmobil in Angriff genommen werden oder Decke und Handtücher nach dem Betreten griffbereit liegen.

Die kleinen Rassen, besonders die ohne Unterfell, müssen bei kalten Temperaturen, eigentlich wie zu Hause, gut eingepackt werden und brauchen bei langen Aufenthalten im Freien unbedingt eine wärmende Jacke. Wenn die Hunde erst mal spüren, wie angenehm das ist, lassen sie irgendwann die Prozedur des Anziehens gern über sich ergehen. Denn auch sie haben ihren Spaß am Tollen durch den weichen Schnee. Bei Glätte gilt für Hunde das Gleiche wie für uns Menschen: langsam gehen und kleine Schritte machen, denn Bänderdehnungen und -risse passieren den Vierbeinern genauso schnell.

Im Inneren des Wohnmobils ist auf eine gleichmäßige Wärmeverteilung zu achten. Bei einer zirkulierenden Warmwasserheizung mit Heizkörpern ist das einfacher als bei einer Umluftheizung mit Gebläse. Besonders in der Nähe der Liegeplätze der Hunde muss man dieses schon mal mittels Schließung der Luftkanäle steuern. Nächtigen Hunde in der Garage, sollte man die Temperatur gut im Auge haben oder sogar einen zusätzlichen Heizkanal schaffen, denn Unterschiede von zehn Grad sind durchaus möglich. Wer längere Zeit an einem Platz verbringt, sollte sich Gedanken über die Anschaffung eines Vorzeltes machen. Hier kann man die Winterbekleidung ablegen, den Hund säubern und Skier abstellen, wenn es keinen anderen Platz gibt.

Auch der Hund freut sich bei -10 Grad über eine warme Jacke!

Vertrauensvoll legt er seine Pfote in die Hand des Menschen.

Der Hund hat keine Wechselräder

Passend zum vorhergehenden Abschnitt müssen wir uns einmal mit einem der wichtigsten Körperteile des Hundes beschäftigen: seinen Pfoten. Ihnen muss nicht nur bei Kälte, sondern auch bei Hitze oder besonderen Untergründen besonderes Augenmerk gelten.

Für das Wohnmobil gibt es Sommer-, Winter- oder Geländereifen und wir ziehen uns Winter- oder Trekkingschuhe an. Doch der Hund wandelt immer auf seinen Pfoten. Der Schutz derselbigen wird von den Hundehaltern allerdings oft vernachlässigt oder belächelt. Dabei kann es immer mal wieder erforderlich sein, die Hundepfoten zu schützen, und das gilt nicht nur bei Kälte, sondern auch bei großer Hitze im Hochsommer. Wer während seines Strandurlaubs schon mal zur Mittagszeit barfuß durch den heißen Sand gegangen ist, kann dies nachvollziehen. Genauso verhält es sich mit Asphaltbelägen oder Untergrund aus Schotter- oder Splitsteinen.

Den kleinen Hund kann man schnell mal auf den Arm nehmen, aber bei großen Hunden hilft oft nur eine Bedeckung. Am Strand reichen Tücher, die man mit einem Gummiband schnell und unkompliziert befestigen kann, bis man wieder Wald- oder Wiesengrund unter den Pfoten hat. Bei Langstrecken, wie bei Schlittenhunden im Winter, kommt man um spezielle größenangepasste Schuhe nicht herum. Diese können auch bei Trekkingtouren, z. B. über scharfes Vulkangestein, zum Einsatz kommen.

Im Winter benötigt man einen derartigen Schutz eigentlich nur bei Temperaturen ab minus fünf Grad oder sehr pappigem Schnee, der zwischen den Pfoten kleben bleibt oder festfriert. Im Hochsommer muss man sich einfach nur die Mühe machen und selbst einige Meter ohne Fußbekleidung gehen, das sollte reichen, um die Lage einzuschätzen. Blasen an den Pfoten, egal ob von Hitze oder Kälte, bedürfen intensiver Pflege oder gar eines Besuchs beim Tierarzt; vor allen Dingen aber sind sie für die Fellnase sehr unangenehm. Das beste Signal ist ein Hund, der nicht weiterlaufen möchte, stehen bleibt und eine Pfote hebt oder sogar Schmerzenslaute von sich gibt. Dann heißt es handeln und Abhilfe schaffen. Darum sollte man auf derartige Reaktionen des Hundes besonders genau achten und sie nicht falsch interpretieren oder gar ignorieren.

64 Die Beneluxstaaten – Traumziel in Europa 9

Unterschiedlicher können drei Länder eigentlich nicht sein. Sind die Niederlande noch sehr gängig und bekannt, werden die meisten einen Urlaub in Luxemburg oder Belgien eher nicht in ihre Planung einbeziehen. Dabei sind in allen drei Ländern auch Halter der sogenannten Problemhunde herzlich willkommen.

Wenn das kein Grund ist, einen Blick in die Nachbarschaft zu werfen, denn außer den allgemeinen Einreisebestimmungen gilt es nichts zu beachten. Über 500 Kilometer Küste laden in Belgien und den Niederlanden zum Verweilen ein. Das kleine Binnenland Luxemburg zeigt sich hügelig und naturnah. Seine Einwohner sind besonders gast- und hundefreundlich. Einen Camping- oder Wohnmobilstellplatz mit Hundeverbot gibt es nicht und die Infrastruktur ist vorbildlich. Entlang der Flüsse Sauer und Ourthe gibt es wahre Naturparadiese mit kleinen Campingoasen. Auf einer Wanderung mit Hund durch das Müllerthal bei Echternach sind die Stille und Einsamkeit ein Erlebnis.

Die angrenzenden belgischen Ardennen stehen dem in nichts nach. Bis zur französischen Grenze erstreckt sich eine atemberaubende Landschaft. Der Belgier ist dazu ein herzlicher Gastgeber, der seinen Müßiggang liebt. Hektik ist ihm fremd und Convenience-Essen im Landgasthaus unvorstellbar. Die Einwohner lieben Hunde und haben auch selbst reichlich davon. Es gilt eine allgemeine landesweite Leinenpflicht, die in Städten weitestgehend eingehalten wird und nur entsprechend in Parks oder Grünzonen von den Hundehaltern gelockert wird.

Sowohl in Belgien als auch in Luxemburg entwickelt sich das zarte Pflänzchen Wohnmobilstellplatz langsam, aber stetig. Ein Highlight erwartet das Mensch-Hund-Team oberhalb von Eupen, Hauptstadt der deutschsprachigen Gemeinschaft Belgiens, mit dem Hohen Venn. Diese einmalig schöne Landschaft des Hochmoores bietet tolle Ausflüge mit Hund und lädt am Parkplatz des Signal de Botrange sogar zur kostenlosen Übernachtung mit dem Wohnmobil ein. Hier gibt es traditionelle Küche mit den berühmten »Fritten«, dazu belgisches Bier vom Fass. Nicht immer ist auf der belgischen Seite alles perfekt, was sich dann aber auch in der Preisgestaltung widerspiegelt. Selbstverständlich wird in allen drei Ländern die ACSI-Rabattkarte akzeptiert, kein Wunder, wurde sie doch in den Niederlanden erfunden.

Luxemburgische und niederländische Campingplätze präsentieren sich nahezu durchgehend auf einem hohen Standard. In Holland bieten zusätzlich unzählige Minicampings ihre Dienste an. Sie haben bis zu 30 Stellplätze und sind oft bei landwirtschaftlichen Betrieben zu finden. Je nach Ausstattung kosten sie in der Regel für ein Wohnmobil mit zwei Personen zwischen 10 und 15 Euro. Hunde sind meistens kostenlos. Da Holland über eines der vorbildlichsten Fahrradwegenetze Europas verfügt, sollte man dieses Transportmittel, z. B. mit Hundeanhänger, auch nutzen, zumal öffentliche Verkehrsmittel kostspielig sind. Ganz anders in Luxemburg; es wird bald das erste Land weltweit sein, in dem der öffentliche Personennahverkehr kostenlos ist. Junge Menschen unter 20 Jahren fahren bereits kostenfrei.

An den niederländischen Stränden ist zu beachten, dass viele in der Hochsaison nur bis zehn Uhr morgens und abends zwischen 19 und 22 Uhr mit Hunden betreten werden dürfen. Bitte vor Ort die Hinweistafeln an den Strandzugängen lesen.

Hinter dem Deich kann man sich ordentlich austoben.

An der Seite der treuen Fellnase wird Schönes noch schöner.

Allein mit dem treuen Freund

65

Wie groß die Gemeinde der singlereisenden Wohnmobilisten ist, hat bisher noch keine Statistik erfasst. Dass es sie gibt, steht aber fest, und warum unter ihnen nahezu die Hälfte mit dem getreuen vierbeinigen Freund unterwegs ist, liegt doch wohl klar auf der Hand, oder?

Eigentlich ist jeder Hundehalter immer mal wieder mit der Fellnase allein. Und sei es nur, weil der Partner beruflich, aus Krankheitsgründen oder zwecks Ausübung des Hobbys unterwegs ist. Da ist es doch immer wieder herrlich, diese Augenblicke mit dem Hund zu verbringen. Denn es kommt keine Langeweile auf. Die Fellnase möchte Gassi gehen, hat Hunger, möchte bespaßt werden oder genießt auch für sich diese Zweisamkeit. Für mich ist der Hund z. B. einer der besten Gesprächspartner überhaupt. Er hört aufmerksam zu, widerspricht sehr selten und gefühlt teilt er durch seine Mimik mit, ob und was er versteht oder nicht.

So verwundert es nicht, dass Singlereisende, egal welchen Geschlechts oder aus welchen Gründen auch immer, eben oft mit vierbeinigem Liebling unterwegs sind. Viele davon teilen ihre Erfahrungen und Erlebnisse mit anderen Menschen in den verschiedensten sozialen Medien oder haben sogar eigene Blogs, um ihre Geschichten zu publizieren. Nicht selten leben und arbeiten diese Menschen sogar im Wohnmobil. Die Gesellschaft ihres vierbeinigen Kameraden hat unschätzbaren Wert: Eine richtige Einsamkeit kommt gar nicht erst auf, denn der treue Freund ist immer dabei und belebt den Alltag. Das Gefühl, dass einen keiner braucht, kennt man nicht, denn der Hund fordert Aufmerksamkeit ein. Zudem gibt er eine besondere Sicherheit, die man nur beschreiben kann, wenn man schon mal mit Hund im Wohnmobil unterwegs war. Auch Bewegungsarmut kommt nicht auf, da ein gezielter Nasenstupser des Vierbeiners an den nächsten Gang erinnert. Die tierische Begleitung erleichtert überdies den Kontakt zu anderen Menschen und lässt keine Lethargie zu. Wohnmobilfahrer/-innen und Hundehalter sind sowieso stets eine sehr hilfsbereite Gemeinschaft. Und nicht zuletzt ist der Hund auch für seinen Rudelführer da, denn er spürt durch seinen unverwechselbaren Geruchssinn, wenn etwas nicht stimmt.

66

Hitliste der schönsten Stellplätze in Deutschland

Der Wohlfühlfaktor eines Wohnmobilstellplatzes wird natürlich von subjektiven Eindrücken beeinflusst. Bei der Erstellung unserer Hitliste der zehn ausgewählten Plätze in Deutschland haben wir uns bemüht, möglichst naturnahe Orte zu finden, die wenig störende Einflüsse zulassen.

Die Hitliste soll keine Rangliste darstellen; jeder Platz steht für sich allein. Alle verfügen über eine Ver- und Entsorgung und sind ganzjährig geöffnet. Die Stellplätze liegen allesamt nicht an viel befahrenen Straßen und der nächste Gassi- oder Wanderweg ist nicht weiter als 100 Meter entfernt. Das Hauptaugenmerk liegt auf einer schönen Umgebung für Hund und Mensch.

Wohnmobilstellplatz Hof Dammer bei Cismar
Privater Stellplatz für fünf Stellplätze à neun Euro, an einer kleinen Seitenstraße auf einer Wiese bei der Kreativscheune von Familie Dammer. Vier Kilometer zur Ostsee und ein Kilometer zum Klosterdorf Cismar. GPS: N 54°11'10'' E 10°57'53'', Kattenberg 8, 23743 Grömitz, www.kreativ.cismar.de

Wohnmobilstellplatz Pünderich an der Mosel
80 ruhige Stellplätze für acht Euro, unterhalb des Ortes an einer großen Wiese. Sehr ruhig, da die Straße oberhalb vorbeigeht (selten an der Mosel). Radweg und Fußgängerfähre vor der Tür. GPS: N 50°02'36.5" E 07°07'33.2", Am Moselufer, 56862 Pünderich, www.pünderich.de

Wohnmobilstellplatz Gorleben am Hafen
Sechs Stellplätze an einem Seitenarm der Elbe für 7,50 Euro, direkt am kleinen Bootshafen. Himmlische Ruhe und Idylle mit Bademöglichkeit für Hunde. GPS: N 53°02'59'' E 11°21'04'', Ringstr. 7–9, 29475 Gorleben, www.gorleben.de

Wohnmobilstellplatz am Naturfreibad Rodewald
Zehn kostenlose Stellplätze am Ortsrand von Rodewald beim Feuerwehrhaus

und dem wunderschönen Naturfreibad. GPS: N 52°39'49'' E 09°28'49'',
Im Zentrum 2, 31637 Rodewald, www.steimbke.de

Wohnmobilstellplatz am Kurpark Bad Buchau
20 Stellplätze für 9,50 Euro unmittelbar an der Federseer Moorlandschaft
und dem Kurpark. Traumhafte Ruhe und trotzdem nicht abseits der Welt.
GPS: N 48°4'7.84" E 09°36'23.09", Seegasse 2, 88422 Bad Buchau,
www.bad-buchau.de

Wohnmobilstellplatz »Beim Ätsche« in Hirschhorn
25 Stellplätze für sieben Euro, unmittelbar am Ufer des Neckars und
außerhalb des schönen Ortes Hirschhorn. Gelegenheit zum Stadtbesuch
von Heidelberg. GPS: N 49°26'31.56" E 08°53'52.15", Jahnstr. 2,
69434 Hirschhorn, www.beim-aetsche.de

Wohnmobilstellplatz in Wahlsburg an der Weser
50 Stellplätze für neun Euro direkt am Weserufer. Weit entfernt von der
Bundesstraße am Anleger der Weserfähre. Unmittelbar am Weseruferrad-
weg, Gastronomie vor Ort. GPS: N 51°37'28" E 09°33'08", Weserstr. 14,
37194 Wahlsburg, www.landhotel-zum-anker.de

Wohnmobilstellplatz Pronsfeld am alten Bahnhof
30 Stellplätze für sechs Euro am alten Bahnhofsgelände am Ortsrand von
Pronsfeld im Prümtal. Direkt an der Prüm und dem Radweg des alten Schie-
nenweges. Entspannung pur. GPS: N 50°09'48" E 06°20'13", Bahnhofstr. 3,
54597 Pronsfeld, www.pronsfeld-eifel.de

Wohnmobilstellplatz Fischen im Allgäu
Zwölf Stellplätze für zehn Euro am Ortsrand von Fischen beim Freibad.
Gastronomie und Wanderwege direkt am Platz. Abends himmlische Ruhe.
GPS: N 47°26'56'' E 10°16'13'', Mühlenstr. 24,
87538 Fischen, www.fischen.de

Wohnmobilstellplatz am Lago Laprello
30 Stellplätze für zehn Euro am Ortsrand an einem schönen See, der
wunderbar umrundet werden kann. Die Innenstadt von Heinsberg ist
fußläufig erreichbar. GPS: N 51°4'24'' E 6°5'35'', Fritz-Bauer-Str. 3,
52525 Heinsberg, www.3h-reisemobilstellplatz.de

So einfach kann man eine gute Hundedusche gestalten.

Der hundefreundlichste Campingplatz

67

Hier stellt sich eine interessante Frage: Möchte eigentlich der Hund das alles oder doch Frauchen und Herrchen? Aber gibt es ihn denn wirklich, den ultimativen Campingplatz, der alle glücklich macht. Nach der letzten Umfrage hat es dann schließlich einer in den Olymp der Campinganlagen geschafft.

Schon die Anreise ist ein Traum, sind es doch von jedem Ort in Deutschland nur 500 Kilometer bis zum Ziel der Begierde. Gleich an der Einfahrt befindet sich eine Waschanlage, wo das Wohnmobil zunächst vom Reisedreck gereinigt wird; man möchte ja schöne Aufnahmen. Das Rezeptionsteam nimmt den Camper freundlich in Empfang und geht zunächst mit dem Hund ohne Leine über den Platz, damit er seinen Lieblingsplatz erschnüffeln kann. Alle Plätze sind 200 Quadratmeter groß und haben einen direkten Zugang zum Badesee mit eigener Hundedusche und Trockenanlage für schlechtes Wetter. Jeder Platz verfügt über einen versenkbaren Trennzaun, der auf Wunsch genutzt werden kann. Der Campingplatz hat sechs umzäunte Freilaufzonen für verschiedene Gewichtsklassen, der Hundekot wird von Mitarbeitern eingesammelt.

Die Hundetagesstätte mit erstklassiger Betreuung durch Tierpflegepersonal und Hundepsychologen hat täglich von 8 bis 20 Uhr geöffnet, man hat ja Urlaub. Es gibt sogar eine eigene Barf-Küche, wo man die Mahlzeiten des Hundes zubereiten kann; auf Wunsch werden diese an den Stellplatz geliefert. Ein besonderer Service ist die platzeigene Hundeschule, die täglich mehrere kostenfreie Kurse anbietet. Weiterhin gibt es das hundefreundliche Restaurant, einen Hundeshop, einen kostenlosen Shuttle-Service in die Altstadt und das tägliche Kinderprogramm »Heile Welt«.

Für all das betragen die Gebühren 30 Euro inklusive aller Leistungen. Bis zu fünf Hunde sind kostenlos, jeder weitere sowie Kinder kosten einen Euro pro Tag.

Somit war es gar nicht so schwer, den geeigneten Campingplatz zu finden. Bleibt noch zu erwähnen, dass sich hinter dem Gelände eine wunderschöne alpine Berglandschaft mit Liftanlage befindet. PS: Wer den Platz kennt, erhält vom Autor eine persönliche Überraschung.

68 Der optimale Tourenmodus

Auch mit Hund möchte man auf der Wohnmobiltour natürlich möglichst viel vom Traumziel entdecken. Das vierte Mal am Strand der Bretagne zu sein ist eben ganz anders, als die erste Tour durch Schottland zu erleben. Gerade diese Entdeckertouren, ob nach Norwegen oder Schottland, haben es meist in sich.

Damit man nach der Rückkehr nicht zwei Wochen zur Regeneration benötigt, sollte man unterwegs seinen Tagesrhythmus so geschickt planen, dass die Erholung nicht zu kurz kommt und auch der Hund zu seinem Recht kommt. Alle Wohnmobilisten, die eine Fellnase als Frühweckdienst haben, sollten diesen Zeitvorteil unbedingt nutzen! Den Wohnmobil- oder Campingplatz verlässt man am besten morgens bis spätestens 10 Uhr und um 16 Uhr endet der geplante Tagestrip. Somit ist es auf den Stellplätzen bzw. auf dem Campingplatz entspannt und man findet problemlos seinen Ankerplatz. Diese Entspannung überträgt sich auf das gesamte Reiseteam, denn eine Erlebnisrundreise ist kein normaler Erholungsurlaub.

Gerade in den nördlichen Ländern ist es abends in den Monaten Juni, Juli und August teilweise bis 24 Uhr fast taghell und gegen 1:30 Uhr hat man sogar noch Dämmerungslicht. Wer im Süden unterwegs ist, wird im Gegensatz dazu feststellen, dass es um 21 Uhr schon dämmert und die verbleibenden Stunden des Tages schnell vergangen sind. Für den Hund ist es nicht so einfach, sich täglich auf neue Umstände einzustellen, und er freut sich, wenn er ausreichend Zeit hat, zu schnüffeln und sich auszutoben. Wenn man sich tagsüber ein Zeitfenster von maximal acht Stunden für Besichtigungen, Ausflüge und Fahren vornimmt, ist das völlig ausreichend. Dazu gehört auch, dass man realistische Tageskilometer plant und nicht versucht, in drei Wochen ganz Spanien zu umrunden, das Nordkap zu erreichen oder eine komplette Schottlandroute samt Inseln zu schaffen.

Nicht zu vergessen, dass an den Wochenenden auch die Einheimischen ihre Ausflüge machen. Dann ist es Zeit, einen Ruhetag einzulegen und mal richtig durchzuatmen. Nach der ersten Woche kann man wunderbar ein Zwischenfazit ziehen und hat die Chance, Verbesserungen oder Änderungen im Routenplan vorzunehmen.

Gerne viel Spaß, aber auch gerne etwas Ruhe.

Und wer trägt den Rucksack mit meinen Leckerlis?

Frühling, Sommer, Reisezeit

Die ersten warmen Sonnenstrahlen zeigen sich und das Rudel zieht es jetzt natürlich nach draußen. Schnell ist die Zeit der Pflichtgänge vergessen, denn nicht nur das Wohnmobil will bewegt werden. Es macht wieder richtig Spaß, spazieren zu gehen und die erwachende Natur zu entdecken.

Der Frühling lässt sich in allen Regionen Deutschlands gut genießen. Die ersten Ausfahrten führen die Wohnmobilisten mit den Fellnasen in die Umgebung. Besonders im bevölkerungsreichsten Bundesland Nordrhein-Westfalen eignen sich viele Ziele für den Kurzurlaub mit Hund. Wandern im Teutoburger Wald, Radfahren im Münsterland, durch bergige Seenlandschaft des Sauerlandes oder an einen der vielen Binnenkanäle. Vielfalt ist hier Programm und nach Holland ist es auch ein Katzensprung.

Aus der Mitte und dem Süden zieht es viele in die Bodenseeregion, wo es unzählige Ziele mit Hund gibt. Die Campingplätze mit Seeblick und Logenplätzen am Ufer öffnen rechtzeitig ihre Pforten. Zum Beispiel die Blütenpracht auf der Insel Mainau sollte man unbedingt einmal erlebt haben.

Im Sommer stehen die Strände der Nord- und Ostseeküste ganz weit oben auf der Beliebtheitsskala. Dennoch sind die Strände der deutschen Küsten natürlich ein echtes Ganzjahresziel. Die Auswahl an Hundestränden ist an der Ostseeküste Schleswig-Holsteins und Mecklenburg-Vorpommerns vielfältiger als an der Nordsee. Zudem gibt es hier keine Gezeiten und somit Wasser in Strandnähe. Vor allem die Inseln Usedom und Rügen sowie die Dünen der Halbinsel Fischland-Darß-Zingst darf man nicht verpassen. Sie sind ein wahres Hundeparadies, wo sich die Fellnasen frei von der Leine austoben können. Allerdings ist ein Stellplatz hinter dem Deich oftmals dem freien Blick auf das Meer vorzuziehen, denn die Böen im Seewind können unangenehm werden und für eine unruhige Nacht sorgen.

Ein ganz besonderer Tipp ist der am Autokino Usedom (GPS: N 54°03'49" E 13°58'57"). Viel Platz für die Wohnmobile in der ungewohnten Kulisse eines Autokinos und der weitläufige Strand ist gleich auf der anderen Seite hinter dem Deich. Direkt hier verläuft auch der Ostseeküstenradweg, auf dem man den Ort Koserow in wenigen Minuten erreicht.

Was ist teurer:
Womo oder Hund?

*Am wenigsten macht man sich bei der Anschaffung eines Hundes
Gedanken über die Kosten. Eine erste Übersicht hat man schnell
gefunden, im Internet, bei Freunden oder dem Züchter. Doch die
wahren Summen teilt Ihnen meist keiner mit, darum unsere Aufstellung – mit einem kleinen Augenzwinkern.*

Niedlicher Rassehund mit Knopfaugen, vom Züchter fachgerecht
aufgezogen, einfach zum Verlieben: 1000 Euro
Halsband, Leine, Näpfe und Welpenspielzeug: 100 Euro
Tierarztkosten für Nachimpfungen und Entwurmung: 100 Euro
Haftpflichtversicherung: 60 Euro
Futter und Leckerlis für ein Jahr: 600 Euro
Zwischensumme: 1860 Euro

So weit, so gut. Die wahren Kosten können sich je nach Rasse und Freude an
dem Vierbeiner jedoch auch völlig anders entwickeln: In der ersten Nacht drei
Paar zerkaute Herrensocken und ein Damendessous: 80 Euro. In der zweiten
Nacht schläft der Welpe nicht mehr im Schlafzimmer, sondern im Flur. Res-
taurierung des angekauten und vollgepinkelten Perserteppichs: 600 Euro. Für
die dritte Nacht muss eine Hundebox her: 150 Euro.

Auf dem Parkplatz der Hundeschule den Welpen 15 Minuten allein im
Auto gelassen. Sicherheitsgurt austauschen und den Schaltknüppel ersetzen
lassen: 400 Euro. Eine Transportbox fürs Auto kaufen, weil die erste nicht in
den Kofferraum passt: 150 Euro. Der Hund wächst; größeres Halsband, zerkaute Lederleine durch Nylon ersetzen, neues Spielzeug und jede Menge
Kauknochen: 100 Euro. Gartenzaun erhöhen und Bordstein setzen gegen die
Untertunnelungsversuche des hochbegabten kleinen Tiefbauingenieurs:
1500 Euro. Der Landwirt am Dorfrand muss seinen Weidezaun wieder auf-
richten, denn der vierpfotige Liebling hat seine Instinkte an der Jungbullen-
herde erprobt: 500 Euro. Dazu eine Runde Freibier für die Helfer der
freiwilligen Feuerwehr, die die Bullen auf der Bundesstraße eingefangen
haben: 250 Euro.

Man meint, eine Steigerung sei nicht mehr möglich, Irrtum! Jetzt geht es
richtig los. Agility-Parcours für den Garten im Eigenbau, um das Trainingspro-

gramm zu optimieren und den Hund endlich von der umliegenden Artenviel-
falt fernzuhalten: 800 Euro. Pacht für eine kleine Schafweide mit fünf
Mutterschafen, damit der Hund doch seiner Bestimmung nachgehen kann:
500 Euro. Ausbruchssicherer Zaun für vorgenannte Weide: ebenfalls 500
Euro. Ein zweiter Hund muss her, denn die Hütearbeit mit zwei Hunden ist
ungleich interessanter (Halsband, Tierarzt etc.): 1860 Euro. Jährliche Reisekosten für die Teilnahme an Trials, Hüte-Seminaren, Agility-Turnieren und
Hundeausstellungen in ganz Europa: 6000 Euro. Zu guter Letzt ein Wohnmobil mit Platz für mindestens drei Hunde, damit das Reisen endlich günstiger
und bequemer wird: 50 000 Euro.

Somit ergibt sich für das erste Jahr eine Gesamtsumme von 62 250 Euro
für Immobilienbesitzer. Bei allen anderen kommt die Investition in den geeigneten Rasthof dazu, um auch andere Hundfreunde mit Wohnmobil einladen
zu können.

In solch entspannten Momenten vergisst man alle Kosten und Mühen.

Kann denn Idylle Sünde sein?

Man ist abhängig, wenn …

Von Spielsucht hat man schon einmal gehört und auch auf Jogger beispielsweise, die ohne das Laufen nicht mehr leben können, ist man schon getroffen. Aber auch Wohnmobilfahrer und Hundebesitzer haben großes Potenzial, in diesen Strudel zu geraten …

Wer mehr als drei der folgenden Fragen mit Ja beantworten kann, ist vielleicht schon mittendrin:

- Ist das Wohnmobil so ausgesucht, dass es zu Ihrem Hund passt?
- Können Sie sich eher an den Namen eines Hundes als an den seiner Besitzer erinnern?
- Stehen Sie auf dem Wohnmobilstellplatz lieber abseits, damit es für den Hund schöner ist?
- Finden Sie mit Wohnmobilisten ohne Hund kein wirkliches Gesprächsthema?
- Ordnen Sie eine frisch gewaschene Jeans und saubere Schuhe als »festliche Bekleidung« ein?
- Meiden Sie Geschäfte und Restaurants, an denen ein Schild »Ich muss draußen bleiben« hängt?
- Denken Sie eher an den Geburtstag des Hundes als an den Jahrestag Ihrer Partnerschaft?
- Sind Sie vom Langschläfer zum Frühaufsteher geworden?
- Fanden Sie Wandern früher langweilig, tragen heute aber ausschließlich Kleidung von der Marke mit dem Pfotenabdruck?
- Haben Sie in jeder Jackentasche Hundekekse, Trockenfleisch oder ein Hundespielzeug?
- Ziehen Sie einen Wohnmobilurlaub mit Hund jeder anderen Reiseform vor?

Dann sagen wir jetzt einfach mal: Willkommen im Klub!

72

Hitliste der Campingplätze

Vorgestellt werden besonders hundefreundliche Campingplätze, die mehr bieten als das Übliche und schon von vielen zufriedenen Wohnmobil-Hund-Teams angefahren wurden. Dies soll kein Ranking mit Siegerpodest sein, sondern eine kleine, aber feine Auswahl, die nicht von Sternen abhängig gemacht wird.

Campinggarten Wahlwies am Bodensee

50 Stellplätze mit der Traumausstattung für Hundeliebhaber: Freilauf-Hundewiese, Hundedusche, Hundebadestelle, Hundespielplatz, kostenlose Kotbeutel. Hunde im Restaurant erlaubt und es gibt sogar Hundefutter und -zubehör im Campingshop.
GPS: N 47°48'31'' E 08°58'11'', Stahringer Str. 50,
78333 Stockach-Wahlwies, www.camping-wahlwies.de

Waldcamping Erzgebirge

70 Stellplätze speziell für Wohnmobile inmitten der Natur mit schöner Hundefreilaufwiese und Wanderwegen, die direkt am Platz starten. Nach dem Hundebad im kleinen Fluss gibt es eine Hundedusche. Es sind mehrere Hunde erlaubt. Ob Biergarten oder Gastronomie, alles ist mit Fellnase zugänglich.
GPS: N 52°39'49'' E 09°28'49'', An der Dittersdorfer Höhe 1,
09439 Amtsberg, www.waldcamping-erzgebirge.de

Camping Sternberger Seenland

130 Stellplätze, zehn Extra-Wohnmobilplätze. Hundebadestelle am Luckower See, Hundeschule mit interessanten Kursangeboten, direkt angrenzender Wald, geführte Hundewanderungen, kostenlose Hundetüten. Ganzjährig geöffnet, 24-Stunden-Anreise für Wohnmobile.
GPS: N 53°42'48'' E 11°48'46'', Maikamp 11, 19406 Sternberg,
www.camping-sternberg.de

Natur-Terrassen Camping Sippelmühle

60 Stellplätze, Hunde kostenlos, auch Mehrhundehalter sind gern gesehene

138

Gäste. Hundebadestelle in der Weißen Laaber, Hundefreilaufwiese, Hundezaun erlaubt, Hunde im Restaurant erlaubt, schöne Wanderwege ab Platz.
GPS: N 49°10'53'' E 11°32'15'', Sippelmühle 1, 92364 Deining, www.sippelmuehle.de

Freizeitpark Klaukenhof
40 Stellplätze, Hunde sind kostenlos. Hundebaden im stillgelegten Kanal, Hundefreilaufwiese, eingezäunte Parzellen, kostenlose Hundetüten, Hunde im Restaurant erlaubt, schöne Wanderwege ab Platz; ganzjährig geöffnet.
GPS: N 51°40'08'' E 07°22'05'', Natroper Weg 40, 45711 Datteln, www.freizeitpark-klaukenhof.de

Campingpark Falkensteinsee
Zehn Stellplätze, Hundedusche, Hundebadestelle am See, Hundefreilaufwiese, Hundespielplatz und -parcours, Hundeschule, kostenlose Hundetüten. Hunde im Restaurant erlaubt, Hundefutter und -zubehör im Shop; ganzjährig geöffnet.
GPS: N 53°02'48'' E 08°27'50'', Falkensteinsee 1, 27777 Ganderkesee, www.falkensteinsee.de

Campingpark Am großen Lausiger Teich
120 Stellplätze, Hunde sind kostenlos. Hundebadestelle am See, Hundeschule und -parcours, Hundedusche, kostenlose Hundetüten. Hunde im Restaurant erlaubt, vielseitige Wanderwege ab Platz; ganzjährig geöffnet.
GPS: N 51°41'12'' E 12°48'02'', Lausiger-Teich-Str. 1, 06905 Bad Schmiedeberg, www.lausiger-teiche.de

Prümtal-Camping Oberweis
150 Stellplätze, Mehrfachhundebesitzer sind willkommen. Hundebaden in der Prüm, Hundedusche, kostenlose Hundetüten. Hunde im Restaurant erlaubt, vielseitige Wanderwege ab Platz zwischen drei und zehn Kilometern, Hundefutter und -zubehör im Shop; ganzjährig geöffnet.
GPS: N 49°57'30'' E 06°25'13'', In der Klaus 17, 54636 Oberweis, www.pruemtal.de

Gastliches Österreich –
Traumziel in Europa 10

Die Alpenrepublik hat sich in den vergangenen Jahren zum lohnenden Ziel für die Wohnmobilbesatzung mit Hund entwickelt. Neben schönen Campingplätzen gibt es mehr und mehr reine Wohnmobilstellplätze oder auch Stellplätze vor dem Camping. Die Fellnasen sind fast ausnahmslos herzlich willkommen.

Es wird dem malerischen Land mit der schönen Bergwelt und ihrer beeindruckenden Natur nicht gerecht, will man es auf das Thema Mautgebühr reduzieren. Auch für Wohnmobile über 3,5 Tonnen stellt die Nutzung der verwunschenen GO-Box bei ordnungsgemäßer Registrierung und Handhabung kein Hindernis dar.

Wer auf seiner Tour überwiegend die gut ausgebauten Bundes- und Landstraßen unter die Räder nimmt, kommt zügig sowie genussvoll voran,

spart somit einiges an Straßennutzungsgebühr. Die schönsten Streckenabschnitte erwarten einen zweifelsohne in den Bergregionen der Bundesländer Kärnten, Tirol, Steiermark und Vorarlberg. Die vielen Seen in Oberösterreich und dem Salzburger Land verwöhnen besonders in der warmen Jahreszeit mit einer angenehmen Erfrischung. Hier sei z. B. der Familiencamping Plörz am Ossiacher See erwähnt, wo den Hund eine extra Auslaufwiese und eine eigene Badestelle erwartet (http://camping-ploerz.at). Stellplätze wie das Gasthaus Friedburg am Großvenediger in der Nähe zu den Krimmler Wasserfällen darf man auf keinen Fall versäumen (www.gasthof-friedburg.at). Man muss hoffen, dass solche Plätze in ihrer Einfachheit sowie einmaligen Natur im unteren Preisniveau durch weitere ergänzt werden.

Neben den üblichen Einreisebestimmungen der EU für Hunde sind zusätzliche Bedingungen für Welpen zu beachten: Welpen unter zwölf Wochen bzw. Welpen zwischen 12 und 16 Wochen, die eine Tollwutimpfung erhalten haben, aber noch nicht die vorgeschriebenen 21 Tage zum Erreichen des Impfschutzes erfüllen, benötigen eine Tollwutunbedenklichkeitsbescheinigung eines zugelassenen Tierarztes. Die Einreise ist gestattet, wenn das Tier von seiner Mutter, von der es noch abhängig ist, begleitet wird.

Malerisches Örtchen: Aggsbach am Markt in der Wachau

Ein Ausflug mit anderen Hundebesitzern ist eine willkommene Abwechslung.

74

Schon mal Gedanken gemacht?

An dieser Stelle scheint es angebracht, eine kleine Verschnaufpause einzulegen und mal auf ganz andere Gedanken zu kommen. Vielleicht ist z. B. die Schöpfungsgeschichte so gewesen: Am ersten Tag erschuf Gott den Hund. Am zweiten Tag erschuf er den Menschen, damit der sich um den Hund kümmert. Am dritten Tag erschuf Gott die Arbeit, damit die Menschen für den Hund sorgen können. Am vierten Tag erschuf Gott das Wohnmobil, damit der Mensch mit dem Hund wohnen kann. Am fünften Tag erschuf Gott den Wohnmobilisten, damit Wohnmobil und Hund gemeinsam auf Reisen gehen. Am sechsten Tag erschuf Gott das Leckerli, damit der Mensch den Hund belohnen kann. Am siebten Tag versuchte Gott, sich auszuruhen, schuf aber noch den hundefreundlichen Campingplatz. So oder ähnlich muss es gewesen sein, denn wer wollte schon eine Welt ohne Hund und Wohnmobil!

Wohlbefinden durch Bewegung

Tägliche Spaziergänge stärken nicht nur die Beziehung zwischen Mensch und Hund, sondern erhöhen die Fitness sowie das gesundheitliche Wohlbefinden beider Seiten: Der Blutdruck wird gesenkt, die Knochen gestärkt, das Diabetesrisiko reduziert und das Immunsystem mobilisiert. Gut sind auch Bewegungsspiele, um Geist und Körper zu trainieren. Gerade bei gelangweilten Hunden mit verstärktem Kaudrang wird dieser durch regelmäßigen Auslauf und gemeinsames Spiel nahezu vollständig eliminiert. Selbst das Apportieren von Gegenständen wertet den normalen Spaziergang auf. Mantrailing und Agility sind eine Herausforderung sowohl für den Hund wie für seinen Führer; auf beide Spielarten gehen wir noch näher ein. Jede Wander- oder Radtour lässt sich kinderleicht aufwerten. Selbst Hunde, die keine Ausdauersportler sind, lieben es, zwischendurch aus dem Fahrradkörbchen oder Hundeanhänger zu kommen, um z. B. das vorausgefahrene Rad wieder einzuholen.

76 Faszination Hund und kein Ende

Bewegung heißt vorankommen, fortschreiten. Das Wissen um dieses Fortwährende, immer wieder Stattfindende birgt eine Faszination, denn Bewegung ist mehr als ein banaler Vorgang des Alltags. Gerade auch Hundebesitzer tun gut daran, ihr die nötige Aufmerksamkeit zu schenken.

Wer kennt nicht die Zeitlupenaufnahmen von Tierfilmern, die verdeutlichen, was beim einfachen Laufen einer Fellnase alles geschieht und in Bewegung kommt: Gelenke, die sich beim Sprung strecken und beim Landen auf die Hälfte gestaucht werden. Lefzen, die von oben nach unten »fliegen« ... Zum Bewegungsapparat gehören das Skelett mit der Wirbelsäule, die Knochen, Gelenke, Muskeln, Bänder und die Sehnen. Ein Hund besitzt unabhängig von seiner Rasse etwa 300 Knochen. Die tragende Kraft im Skelettsystem ist die Wirbelsäule, die aus harten Knochenwirbeln und weichen Bandscheiben besteht. Das ermöglicht dem Hund seinen federnden und rhythmischen Gang. Der gesamte Bewegungsablauf fördert die Durchblutung des Organismus und damit auch den Stoffwechsel sowie die Funktion der Organe.

Der Bewegungsapparat teilt sich in einen passiven und einen aktiven Bereich. Der passive besteht aus den Knochen und Gelenken, der aktive Teil aus den Muskeln, Sehnen und Bändern. Wichtig zu wissen ist, dass der Hund ein Zehengänger ist, der die Schubkraft nach vorn durch seine hintere Körperpartie entwickelt. Damit Ihre Fellnase die Schubkraft auf den Rumpf übertragen kann, ist die Wirbelsäule durch das Kreuzbein fest mit dem Becken verbunden. Immer wenn der Hund in Bewegung ist, sind, wie beim Menschen auch, die Sinnesorgane, die Nerven und das Gehirn beteiligt. Das Gehirn reagiert auf die Sinneseindrücke und gibt den Muskeln Anweisungen, was sie tun sollen.

Die Gelenke gewährleisten die Beweglichkeit, durch sie bleibt der Hund im Bewegungsfluss. Die Erhaltung der Beweglichkeit ist für den Hund daher genauso wichtig wie für den Menschen. Für große und schwere Rassen gibt es deshalb auch orthopädische Hundebetten mit Kissen, die eine entspannte und elastische Wirbelsäule unterstützen. Wer argumentiert, der Hund liege sowieso, wo er will, oder die normale Decke reiche aus, möge den Hund einmal in einem solchen Bett Probe schlafen lassen. Gut möglich, dass man feststellt, dass er selbiges freiwillig und gern nutzt.

Man sollte ein Hundeleben lang darauf achten, dass vor allem kleine Rassen so wenig wie möglich Treppen laufen. Auch hohe Sprünge, wie ins Wohnmobil und wieder heraus, gilt es zu vermeiden. Es gibt wunderbare Rampen mit flachem Anstellwinkel und rutschfestem Belag. So werden die Gelenke besonders im hohen Alter geschont.

Ob klein oder groß, Männchen oder Weibchen, das spielt alles keine Rolle!

Ab einer gewissen Größe ist Hund eben nicht gleich Hund.

Freund oder Feind?

Vermutlich ist kaum einer unter den Lesern, der diese Szene nicht schon mal so oder ähnlich erlebt hätte: Der neue Nachbar hat sein Wohnmobil auf dem Stellplatz eingeparkt, die Tür öffnet sich und ein oder gar mehrere Hunde verlassen ungestüm und unangeleint das Gefährt.

Ist man selbst samt Hund gerade im Wohnmobil, spielt das keine Rolle; sitzt man dagegen gemütlich vor der Tür und die eigene Fellnase liegt entspannt daneben auf ihrer Decke, kann sich dies in Sekundenschnelle ändern. Denn wie beim Spaziergang weiß man ja nie, ob der heranstürmende Hund Freund oder Feind ist. Nun kann man sagen, dass die meisten Hunde auf Camping- und Stellplätzen sehr gut sozialisiert sind und man davon ausgehen kann, dass Frauchen und Herrchen wissen, was sie tun, wenn der Hund ohne Leine umherläuft. Eine Garantie gibt es dafür allerdings nicht, denn wie in vielen Lebenslagen kann es 99-mal gut gehen, aber das berühmte eine Mal eben nicht!

Ein Gefühl des Unwohlseins ist schnell dabei, wenn auf die fünf Kilo Lebendgewicht des eigenen Hundes 40 Kilo oder mehr zugelaufen kommen. Sieht man sie von vorn, ist man zumindest darauf eingestellt, kommen sie aber wie aus dem Nichts von hinten, hofft man nur, dass alles gut geht. Denn ein robuster Terrier macht da schon seine Ansage und zeigt Selbstbewusstsein. Die Frage, ob ein Hund weiß, wie groß er ist, wird unterschiedlich beurteilt. Fest steht, dass mehr als einmal im Jahr ein großer Hund zupackt und diese Geschichte leider meist nicht gut für den Unterlegenen endet.

In den meisten Fällen wird die Szene am Wohnmobilstellplatz gut ausgehen, aber jeder Hundehalter muss sich fragen, ob sie überhaupt notwendig ist. Klar, der Hund freut sich, nach stundenlanger Fahrt endlich in die Freiheit entlassen zu werden; doch das geht genauso gut an der Leine. So kommt es zu einem entspannten »Hallo« für alle Beteiligten und die Hunde genießen es dann, sich in Ruhe beim gegenseitigen Beschnüffeln kennenzulernen, bestenfalls Freunde zu sein für die begrenzte Zeit der Nachbarschaft. Dabei bitte die Nichthundebesitzer nicht vergessen, da sie keine Erfahrung haben, sondern teilweise sehr ängstlich sein können.

78 In der Mittelmeerregion

Der Begriff »Mittelmeerkrankheiten« bezeichnet alle beim Hund vorkommenden Krankheiten, die in südlichen Ländern von Zecken und Stechmücken übertragen werden können. Heißt aber im Umkehrschluss nicht, dass sie nicht auch am Atlantik auftreten können.

Mit dem Klimawandel fühlt sich die Sandmücke, Hauptüberträger der am häufigsten vorkommenden Infektionskrankheit Leishmaniose, auch im Süden Deutschlands wohl. Sie ist ein drei Millimeter großes, gelblich bis dunkelbraunes Insekt und von Sonnenuntergang bis zum Morgengrauen unterwegs. Sie braucht ca. fünf Minuten für einen Stich, also am besten schlafende Lebewesen, die sie nicht abwehren. Die Sandmücke fliegt ca. drei Meter hoch; somit kann man im Wohnmobil darauf achten, die Insektenrollos verschlossen zu halten, denn dort kommt sie nicht durch. Sie ist von April bis Oktober aktiv und in dieser Zeit sollte der Wohnmobilist seinen Hund auch nicht vor der Tür schlafen lassen. Leider äußert sich diese Krankheit erst Monate später durch Symptome wie Mattigkeit, Durchfall, Fieberschübe, Abmagerung, Muskelschwäche oder starke Schuppenbildung, oft am Nasenrücken, den Ohrenspitzen und um die Augen herum. Eine Diagnose kann nur mittels Bluttest oder der aufwendigeren Knochenmarkpunktion erfolgen.

Babesiose, auch Hundemalaria genannt, wird durch Zecken übertragen. Babesien sind Einzeller, die sich in den roten Blutkörperchen vermehren. Babesiose kommt in den Tropen, den Mittelmeerländern und der Schweiz vor. Ungarn ist ebenfalls stark betroffen. Die Krankheit verläuft in Schüben und hat eine Inkubationszeit von 10 bis 21 Tagen. Symptome sind blasse Schleimhäute, Fieber und Mattigkeit sowie rot bis rotgrüner Urin. Auch hier erfolgt die Diagnose mittels Bluttest; die dreiwöchige Behandlung mit Antibiotika verspricht gute Heilungschancen.

Die ebenfalls durch Zecken übertragene Borreliose kann auch den Menschen befallen und kommt in unseren Breitengraden genauso vor. Eine wichtige Maßnahme ist, den Hund abzutasten und die Zecken zu entfernen. Informationen zur Vorbeugung holt man sich am besten beim Tierarzt, da sich hier die Geister scheiden und es dem Autor nicht zusteht, Empfehlungen auszusprechen.

Niemand muss auf die Schönheit des Südens verzichten.

79

Antworten auf viele Fragen

Wenn Wohnmobil und Hund auf Urlaubsreise sind, gibt es immer viel zu erleben und zu erzählen. Legt der Hund den Kopf ein wenig zur Seite und schaut mit seinen treuen Augen etwas verständnislos in die Ihren, kann das an den Fragen Ihres Gegenübers liegen!

Gegen nervige Frager kann man sich, wie im Alltag zu Hause, mit einigen passenden Antworten rüsten, dann verstummt der Unwissende meist sehr schnell. Hier die gängigsten Fragen, die der Hundebesitzer immer wieder zu hören bekommt, und unsere liebsten Antworten:

Beißt der?
Nein, der schluckt im Ganzen (uralt, trotzdem immer wieder gut).

Hört der?
Ja, der reagiert nur nicht.

Tut der was?
Nein, der lebt ausschließlich von mir.

Mag der Kinder?
Ja, aber lieber nimmt er sein normales Futter.

Hat der Platz im Wohnmobil?
Nein, wir nehmen ihn aber trotzdem mit.

Warum legt der die Ohren an?
Damit er Ihre Frage nicht hören muss.

Ist das ein Kampfhund?
Nein, oder sehen Sie Boxhandschuhe?

Macht der Dreck im Wohnmobil?
Nein, eher schon mal einen Purzelbaum.

Darf man den streicheln?
Fragen Sie ihn selbst.

Was ist das für eine Rasse?
Ein FraNiSoVi (Frag nicht so viel).

Tierarztbesuch im Ausland

Es kann schon mal vorkommen, dass man während eines Urlaubs im Ausland einen Tierarzt aufsuchen muss. Das kleine Wörterbuch in fünf Sprachen soll dabei helfen, die ersten Barrieren zu überwinden. Oftmals kommt man mit Englisch gut über die Runden, vor allem in Skandinavien.

Deutsch	Französisch	Englisch	Spanisch	Italienisch	Schwedisch
Tierarzt	vétérinaire	veterinary	veterinario	veterinario	veterinär
Durchfall	diarrhèe	diarrhea	diarrea	diarrea	diarré
Fieber	fièvre	fever	fiebre	febbre	feber
Husten	toux	cough	tos	tosse	hosta
Atemnot	dyspnée	dyspnoea	disnea	dispnea	dyspné
Bauchweh	mal au ventre	stomach pain	dolor de tripa	mal di pancia	magverk
Auge	oeil	eye	ojo	occhio	öga
Ohr	oreille	ear	oreja	orecchio	öra
Rücken	dos	back	espalda	schiena	rygg
Notfall	urgence	emergency	emergencia	emergenza	nödfall
Knochenbruch	fracture	fracture	fractura	frattura	benbrott
Fell	poil	coat	pelaje	pelliccia	päls
Erbrechen	vomissement	vomiting	vómito	vomito	kräkning
Medikament	médicament	medicine	medicamento	medicamento	medicin
Insektenstich	piqûre	sting	picadura	puntura	insektsbett

Mantrailing stellt interessante Anforderungen an Tier und Mensch.

Mantrailing

Das immer beliebter werdende Mantrailing kommt ursprünglich aus den USA. Der Begriff setzt sich zusammen aus den englischen Worten man (= Mensch) und trail(ing) (= Spur bzw. Spur verfolgen). Der Hund soll also einen Menschen suchen und finden. Warum nicht auch das Wohnmobil?

Das hört sich sehr unterhaltsam an und ist es auch! Der Fellnase bringt das Spiel viel Spaß und lastet sie auf ganz natürliche Weise aus, denn riechen oder schnüffeln tut sie ja immer, zu jeder Zeit. Die erste Frage ist ganz oft: »Kann mein Hund das auch?« Die Antwort ist einfach: »Wenn er eine Nase hat, ja.«

Selbstverständlich kann man nun in der Hundeschule seines Vertrauens einen Kurs belegen, den man natürlich aber bezahlen muss. Das ist legitim und kann bei der Wohnmobilreise im Urlaub gut in Angriff genommen werden. Doch das kostenlose Learning by Doing ist ebenso möglich. Mantrailing ist eine wunderbare Freizeitbeschäftigung für das Wohnmobil-Hund-Team. Man benötigt zum normalen Halsband nur ein gut sitzendes Brustgeschirr und eine lange Leine von fünf bis zehn Meter Länge. Wer keine Schleppleine kaufen möchte, kann ein Seil mit Karabiner nutzen. Als Letztes braucht es einen Köder oder Geruchsträger vom Gegenstand oder Menschen, den der Hund suchen und finden soll. Für diesen Zweck kann man den Wäschebeutel plündern und getragene T-Shirts oder Socken verwenden.

Zunächst werden kurze Abstände von einigen Hundert Metern gewählt. Ein Kind oder der Partner verstecken sich unbemerkt und nicht sichtbar, z. B. hinter einem Baum, bis der Hund das Ziel erreicht hat und mit einem besonderen Leckerli belohnt wird. Die Streckenlänge kann man nach Lust und Laune bis zu mehreren Kilometern erweitern oder auch mit verschiedenen Schwierigkeiten wie einer Bachdurchquerung erschweren.

Unser Hund findet meist schon am zweiten Tag eines Aufenthaltes am Stellplatz oder Campingplatz unser Wohnmobil, ganz ohne dass wir ihn ködern müssten. Aber auch das ist gut möglich, indem man die Fellnase an ihrer Lieblingsdecke schnüffeln lässt. Immerhin kann ein Hund stereo riechen, da er in der rechten Nasenhälfte alte und in der linken Nasenhälfte neue Gerüche wahrnehmen und diese sogar unterscheiden kann.

82

So tickt die Fellnase

Wie interpretieren der geliebte Begleiter und seine Hundekollegen für uns banale Vorgänge oder Gegenstände des Alltags? Für uns ist ein Donner z. B. die ganz normale Begleiterscheinung eines Gewitters. Was denkt aber der Vierbeiner über dieses Phänomen der Natur?

Es ist bestimmt eine interessante Perspektive, einmal die Sichtweise der Hunde einzunehmen. Schauen Sie einfach mal …

Anstupsen: Der beste Weg, die Aufmerksamkeit des Menschen zu erregen, z. B. wenn er gerade eine Tasse Kaffee trinkt.

Anspringen: Die Antwort eines jeden wohlerzogenen Hundes auf das Kommando »Sitz!«. Besonders lohnend, wenn dein Mensch ausgehfertig ist.

Baden: Dies ist ein Prozess, bei dem die Menschen den Boden, sich selbst und die Wände durchnässen. Du kannst ihnen dabei helfen, indem du dich möglichst häufig kräftig schüttelst.

Donner: Dies ist ein Signal dafür, dass die Welt untergeht. Menschen verhalten sich bewundernswert ruhig während eines Gewittersturms, sodass es nötig ist, sie durch Schnaufen, Trampeln, wildes Augenrollen und Ihnen-auf-den-Fersen-Bleiben vor der Gefahr zu warnen.

Fahrräder: Zweirädrige Trainingsmaschinen, die erfunden wurden, damit Hunde ihr Körpergewicht kontrollieren können. Für den maximalen Trainingserfolg musst du dich hinter einem Busch verstecken und dann plötzlich laut bellend hervorschnellen und einige Meter neben dem Fahrrad herlaufen.

Hundebett: Jede weiche, saubere Oberfläche, wie z. B. die helle Tagesdecke im Gästezimmer oder das schön ausgepolsterte Sofa im Wohnzimmer.

Leine: Ein Riemen, der an dein Halsband gebunden wird und es dir ermöglicht, deinen Menschen überall dorthin zu führen, wohin du willst.

Mülleimer: Eine Tonne, die deine Nachbarn einmal in der Woche rausstellen, um deinen Scharfsinn zu prüfen. Du musst dich auf die Hinterpfoten stellen und versuchen, den Deckel mit der Nase zu öffnen. Wenn du es richtig machst, wirst du belohnt mit Rinderknochen zum Zerbeißen und leckeren Brotkrusten.

Papierkorb: Dies ist ein mit Zetteln, Briefumschlägen und altem Bonbon-papier gefülltes Hundespielzeug. Wenn dir langweilig ist, schmeiß ihn um und verteile das Papier im ganzen Haus, bis dein Mensch nach Hause kommt.

Rempeln: Die letzte Möglichkeit, wenn das normale Anstupsen nicht den gewünschten Erfolg bringt; besonders wirkungsvoll in Kombination mit Schnüffeln.

Sabbern: Ist das, was du tun musst, wenn dein Mensch etwas zu essen hat und du nicht. Um es richtig zu machen, musst du so nah wie möglich bei ihm sitzen und traurig gucken, während der sogenannte Sabber auf den Boden tropft.

Schnüffeln: Eine soziale Geste, wenn du andere Hunde begrüßt.

Sofa: Ein Sofa ist für einen Hund dasselbe wie eine Serviette für einen Menschen. Nach dem Essen ist es gern gesehen, wenn du vor dem Sofa auf und ab läufst, um deine Barthaare daran zu reinigen.

Taubheit: Dies ist eine Krankheit, die Hunde befällt, wenn ihr Mensch möchte, dass sie drinnen bleiben, während sie draußen sein möchten. Symptome sind u. a. ausdrucksloses Anstarren des Menschen sowie Weg-rennen in die entgegengesetzte Richtung oder Hinlegen.

Die Welt des Hundes will verstanden sein.

83

Liebenswertes Ungarn – Traumziel in Europa 11

Das traditionsreiche Land im südöstlichen Europa ist bekannt für seine freundlichen und herzlichen Einwohner, die Gäste gern willkommen heißen. Hier ist bestimmt nicht alles auf dem Standard, den man von zu Hause gewohnt ist. Doch es locken faszinierende Landschaften wie das Steppengebiet der Puszta.

Wollte man alles wie zu Hause, könnte man gleich daheim bleiben und das wollen wir Reisemobilisten ja auch wieder nicht. Hunde sind in Ungarn jedenfalls außerordentlich gern gesehen und vor allem für Mehrfachhundebesitzer ist das Land ein Paradies. Neben den üblichen EU-Einreisebestimmungen gibt es keine weiteren Einschränkungen. Sehr positiv: Aufgrund eines Gesetzes gibt es in Ungarn keine »gefährlichen Hunderassen«. Denn bei der Beurteilung der Gefährlichkeit ist das individuelle Verhalten des Tieres

hier Standard und nicht die Rasse. Grundsätzlich können daher alle Hunderassen nach Ungarn eingeführt werden.

Die bekanntesten Reiseziele des Landes sind zweifelsohne die weite Steppenlandschaft der Puszta im Nationalpark Hortobágyi, der zum UNESCO-Welterbe zählt, und das Gebiet rund um den Plattensee. Der größte Steppensee Mitteleuropas wird auch Ungarisches Meer genannt und mit einer durchschnittlichen Tiefe von 3,25 Metern beeindruckt er bereits ab Mai mit seinen warmen Wassertemperaturen. An der 197 Kilometer langen Uferlinie gibt es zahlreiche Campingplätze, aber auch sehr schöne Wohnmobilstellplätze auf privaten Grundstücken, meist auf Wiesen großer Gärten. Hier wird man sehr herzlich empfangen und erhält viele Tipps zur Freizeitgestaltung.

Einen Urlaub in Ungarn kann man für unsere Verhältnisse als günstig bezeichnen. Auch werden die gängigen Rabattkarten von ADAC oder ACSI akzeptiert. Natürlich sollte man einen Abstecher in die traumhaft schöne Hauptstadt Budapest einplanen, wo man wunderbar auf dem ganzjährig geöffneten Arena Camping unterkommt (http://arenacamping.eu). Die Übernachtung kostet hier mit Wohnmobil für zwei Erwachsene und zwei Hunde 25 Euro inklusive Ver- und Entsorgung sowie Strom.

Schöner Stellplatz an einer Therme im hundefreundlichen Ungarn

84 Ein Hund als Urlaubsmitbringsel

Wen haben nicht schon mal die treuen und flehenden Blicke einer Fellnase an einem Strand irgendwo in Spanien, Italien oder Portugal getroffen und gerührt! Schnell kommt da die Versuchung auf, sich des »armen Kerls« anzunehmen und ihn mit nach Hause zu nehmen.

Diese Situation kennt der Pauschalreisende mit Auto- oder Fluganreise genauso wie der Wohnmobiltourist. Dabei spielt es keine Rolle, ob man schon Hundebesitzer ist oder nicht. Für den Wohnmobilisten ist es allerdings logistisch um ein Vielfaches einfacher, den Familienzuwachs ins Wohnmobil zu packen und mitzunehmen. Aber Vorsicht: niemals ohne entsprechende Vorbereitung und Einhaltung der Ausreisebestimmungen des jeweiligen Landes. Denn bei einer Kontrolle kann dies sonst fatale Folgen haben.

Gerade für »Ersttäter«, die noch keinen Hund haben, aber vielleicht schon länger davon träumen, scheint dies eine willkommene Gelegenheit zu sein, weil man dabei ja etwas Gutes tut. Und Hundebesitzer mit »Einzelkind« finden auf diese Art und Weise oftmals einen Spielgefährten für ihre Fellnase. Man kann den Aufenthalt vor Ort um ein paar Tage verlängern und ausgiebig testen, wie gut sich die zwei verstehen. Hat einen die Liebe zu dem Hund erwischt, ist es das A und O, einen klaren Kopf zu behalten. Zunächst gilt es zu recherchieren, ob das Tier einen Besitzer hat. Das geht am einfachsten z. B. beim Campingplatzbetreiber oder in einem Café, wo man mit den Einheimischen Kontakt aufnehmen kann. Die wissen meist, welche Hunde im Ort herrenlos umherziehen.

Ist das geklärt, sollte man sich gegebenenfalls bei anderen Hundebesitzern eine Leine ausleihen und den nächsten Tierarzt aufsuchen. Dieser wird den Hund eingehend untersuchen und vor allen Dingen sein Alter bestimmen, denn besonders bei Welpen müssen bestimmte Altersgrenzen bei der Ausfuhr eingehalten werden. Passt das Alter und hat der Hund keine Krankheiten, ist er jetzt geimpft und hat vielleicht sogar schon einen Chip erhalten, benötigt er noch einen EU-Heimtierausweis, der ihn als Ihr Eigentum ausweist. Wenn alle Bestimmungen eingehalten sind, steht der erfolgreichen Mitnahme in die Heimat eigentlich nichts mehr im Weg. Jetzt noch das nächste Tiergeschäft ansteuern und die Grundausstattung inklusive Futter käuflich erwerben.

Für den Mehrfachhundebesitzer ist das Weitere in der Regel problemlos. Die »Anfänger« sollten sich und dem Hund wenn möglich noch eine Eingewöhnungsphase gönnen. Man sollte den Hund in den ersten Tagen strikt an der Leine führen, da besonders die Heimreise den Hund in ein völlig neues Leben bringt. Doch er wird sehr schnell spüren, dass es ihm gut geht und das neue Rudel für ihn da ist und für ihn sorgt. Die vielen positiven Beispiele zeigen, dass auf diese Weise innige Freundschaften zwischen Mensch und Hund entstanden sind, weil ein Hund ein Leben lang dankbar sein kann.

Bei solchen Urlaubsbegegnungen kann nicht jeder widerstehen.

85 Campingzubehör für Hundehalter

Da sich leider immer noch wenige Hersteller dieses Themas annehmen, lässt es sich nicht vermeiden, einige beim Namen zu nennen. Es handelt sich nicht um Schleichwerbung oder, wie man heute sagt, »Product-Placement« und der Autor erhält auch keine Verkaufsprovisionen!

Die Leser einer Fachzeitschrift haben bei einem Workshop mit der größten Herstellergruppe Deutschlands Campingzubehör für Hundehalter getestet und auf seine Praxistauglichkeit geprüft. Wir stellen speziell die Artikel für den Wohnmobilfreund vor.

Anleinhilfe: Es gibt von der Firma Linnepe eine Edelstahlplatte zum Auffahren mit dem Reifen, Ähnliches von Waumobil (je ca. 20 Euro). Daran ist jeweils eine Öse für den Karabiner der Leine. Weiterhin gibt es eine Halteöse vom Hersteller Hymer (ca. 30 Euro), die man in Höhe der Eingangstür am Chassis des Wohnmobils anschrauben kann. Bei der genutzten Leinenlänge sollte man immer darauf achten, dass der Hund nicht trotzdem um Tisch und Stühle laufen kann, um dann das beliebte »Spinnennetz« zu bauen.

Dethleffs 4-Pfoten-Paket: Für die Zielgruppe »Wohnmobil und Hund« gibt es beim Hersteller Dethleffs ein ganzes Paket, bestehend aus Hundekissen in zwei Größen, welches Ausformungen für das Tischbein hat, Napfhalter mit zwei Einsätzen, der sich in Schubladen oder Truhen einhängen lässt, einer Zurröse zur Sicherung im Fahrzeuginneren sowie einem Leinenhalter für außen. Das Ganze für 229 Euro in Dethleffs-Wohnmobilen oder einzeln im Zubehörshop für jedermann.

Futternapfset: Klein zu verpacken ist das faltbare Futternapfset von Frankana. Es hat zwei Schalen und ist in zwei Größen erhältlich (ca. 20 Euro).

Hundebox: Von der Firma Fiamma gibt es die klappbare Hundehütte Carry Dog (ca. 69 Euro). Mit zwei Handgriffen wird sie einfach aufgeklappt und steht stabil. Die Fenster haben eine Verdunkelung und ein Moskitonetz.

Hundedusche: Der Duschkopf von Animalcare kann auf Wunsch mit einer Shampootablette befüllt werden, die sich dann im Wasserstrahl auflöst und den Hund mit dem unparfümierten Duschzusatz fein macht. Der Duschkopf bündelt den Strahl sehr gut und lässt sich mit dem Druckmechanismus hervorragend steuern. Mit Gardena-Adapter funktioniert er an jedem handelsüblichen Gartenschlauch (50 Euro inkl. zehn Tabletten).

Truma Hitzealarm: Die Truma-App bietet eine spezielle Funktion: Der Hitzealarm sendet eine SMS, wenn die Temperatur im Wohnmobil eine vorher eingestellte Temperatur überschreitet. Hat der Hundebesitzer ein fernsteuerbares Klimagerät, kann er jetzt aus großer Entfernung die Klimaanlage aktivieren. Der Hitzealarm ist kostenlos. Ist natürlich nicht für den Hund gedacht und sollte vorher unbedingt getestet werden. Ab bestimmten Temperaturen sollte trotzdem ein Nachbar gebeten werden, von Zeit zu Zeit nach dem Hund zu schauen!

Das Futternapfset von Frankana mit zwei praktischen Faltschalen

86 Hundefreundlicher Stellplatz mit Komfort

Anfrage in der Facebook-Gruppe »Wohnmobil und Hund«: »Wir suchen für das Wochenende einen hundefreundlichen Wohnmobilstellplatz mit Komfort im Umkreis von 200 km bei Hannover!« Diese Anfrage hatte mehr als 500 Aufrufe mit immerhin 200 Kommentaren und Tipps.

Wie trefflich war die Analyse eines bekannten Kabarettisten zum Ausspruch unserer Bundeskanzlerin Angela Merkel, »Wir schaffen das!«. Der fragte nämlich: »Wer ist ›wir‹ und was ist ›das‹?

Darum meine Frage: Wer ist »hundefreundlich« und was ist »Komfort«? Dieses anscheinend diskussionswürdige (jedenfalls für die Facebook-Gruppe) Thema sollte uns doch gedanklich einen Augenblick fesseln. Für mich oder besser uns, die beste Ehefrau von allen ist ja samt Bordhund dabei, ist ein hundefreundlicher Wohnmobilstellplatz mit Komfort z. B. ein ebenes Gelände mit befestigtem Untergrund und eventuell einer Beleuchtung für die Nacht sowie einer Ver- und Entsorgung. Befestigter Untergrund heißt, der Hund und wir stehen nach Verlassen des Wohnmobils nicht auf schlammigem Boden. Komfort ist in diesem Fall die Nachtbeleuchtung sowie die Ver- und Entsorgung.

Zweck dieser provozierenden Worte ist es, einmal darüber nachzudenken, was man unterwegs wirklich benötigt. Man ist mit seinem Hund ja auch im Alltag täglich unterwegs und nicht jeder wohnt auf der grünen Wiese in »Blaues Himmelhausen«. Der Hund freut sich, wenn er spazieren gehen kann, wenn er fressen kann, wenn er beschäftigt ist oder wenn er in Ruhe ein Schläfchen halten kann. Das Wohnmobil freut sich, wenn es unterwegs ist, wenn es gerade steht, wenn es frisches Wasser bekommt und seine Notdurft in eine Entsorgung ablassen kann. Alles andere geht in Richtung Luxus. Im Umkreis von 200 Kilometern um Hannover wird man überall eine Wiese oder gar einen Wald für den Hund finden bzw. einen Wohnmobilstellplatz, der für eine oder zwei Nächte einlädt. Das Ganze dann zu einem erträglichen Preis von höchstens zehn Euro, in vielen Gemeinden sogar kostenlos.

Steht das Wohnmobil zu Hause immer am Strom oder parke ich es irgendwo am Straßenrand? Habe ich vor der Haustür eine Hundefreilaufwiese und einen Hundespielplatz mit Hundedusche? Denn mit Hundefreund-lichkeit sowie Komfort werben die Betreiber von Campingplätzen und aufwendig angelegten Wohnmobilstellplätzen, die dann eine Gebühr von 20 bis 40 Euro und mehr aufrufen.

Wohnmobile wurden nicht umsonst über die Jahre mit allen erdenklichen technischen Möglichkeiten ausgestattet, um das zu erhalten, was der Wohn-wagen- oder Kompaktbus-Fahrer benötigt. Die Fellnase wurde mit vier Pfoten ausgestattet, um die nächste Wiese auch in einiger Entfernung zu erreichen! »Back to the roots« kann ich also nur sagen, zurück zu den Wurzeln!

Der Komfort-Wohnmobil-Hunde-Platz

87 Ein biologisches Problem

Im Durchschnitt wird eine Hündin alle sieben Monate läufig. In dieser Zeit werden an den Hundehalter besondere Anforderungen gestellt, die man gerade auf Reisen beachten sollte. Das gilt für die Zeit im Wohnmobil natürlich auch aus hygienischer Sicht.

Noch bevor die Hündin die ersten Blutstropfen verliert, lassen sich oft an ihrem Verhalten einige Auffälligkeiten feststellen: So urinieren die meisten Hündinnen zunächst öfter als sonst. Manchmal erinnert ihr Verhalten an das eines markierenden Rüden, da die Hündin in der Hocke ihr Bein anhebt und scheinbar alle paar Meter »muss«. Damit setzt die Hündin instinktiv die ersten Duftmarken – und diese werden von Rüden auch wahrgenommen. Nicht selten erkennt man eine Läufigkeit zuerst an dem auffälligen Anstieg von vierbeinigen Verehrern, die die Hündin begeistert beschnüffeln und um sie herumtänzeln.

Ob und wie sich das Verhalten der Hündin in der Läufigkeit verändert, ist sehr unterschiedlich. Viele Hündinnen vergessen zumindest zeitweise ihre gute Erziehung. Einige entfernen sich auf Spaziergängen weiter von ihrem Besitzer und lassen sich schlechter abrufen. Andere werden anhänglicher und fordern viele Streicheleinheiten. Nicht selten schlafen läufige Hündinnen mehr als sonst, wirken etwas faul oder melancholisch. Einige Exemplare machen dagegen einen eher ruhelosen Eindruck und wechseln alle paar Minuten den Liegeplatz. Nicht zuletzt gibt es auch Hündinnen, die von der Läufigkeit kaum aus dem Konzept gebracht werden und sich genauso benehmen wie sonst auch.

Verstärkter Bewegungsdrang macht sich natürlich im Wohnmobil bemerkbar und das verlorene Blut sollte sich auch nicht im selbigen verteilen. So kommt man nicht umhin, Vorsorge zu treffen. Das einfachste Mittel ist die Nutzung einer Schutzhose (umgangssprachlich: Windel). Diese sollte entsprechend kontrolliert und gewechselt werden, da sie auch dem Hund unangenehm sein kann und er versucht, diese loszuwerden.

Auch abseits der fruchtbaren Tage riecht die läufige Hündin für Rüden – kastrierte wie unkastrierte – sehr spannend. In der Regel ist es besser, die Hunde in dieser Zeit nicht im Freilauf spielen zu lassen. Vor lauter überschießenden Hormonen neigen Rüden dazu, die Hündin zu bedrängen, während diese meist in eine Abwehrhaltung geht, ausweicht und schnappt. Dies ist für die Tiere eher eine Stresssituation als ein entspanntes Spiel. Warten Sie mit Hundebegegnungen lieber, bis die Läufigkeit abgeklungen ist; es sei denn, es handelt sich um freundliche Hündinnen oder Welpen. Unter Beachtung dieser Regeln kommen Sie und Ihre Hündin weitgehend stressfrei durch die Läufigkeit.

Auch dies erwartet den Hundehalter im Lauf des Hundelebens.

88 Herausforderung Mehrhundehalter

In diesem Abschnitt wenden wir uns an die Hundeliebhaber mit drei und mehr Hunden an Bord. Für diese Gruppe wird es nicht immer ganz leicht sein, auf Anhieb einen Campingplatzbetreiber zu finden, der die Wohnmobilbesatzung herzlich willkommen heißt.

Wer Wohnmobilstellplätze anfährt, hat es wesentlich einfacher, da in den seltensten Fällen ein Ausschlusskriterium aufgrund der Anzahl der Hunde in der Nutzungsordnung vermerkt ist. Möchte man aber einen ruhigen Wohnmobilurlaub mit seinen Fellnasen an einer bestimmten Destination verbringen, sollte man die Sachlage bereits bei Buchung mit dem Campingplatzbetreiber klipp und klar absprechen. Das Gleiche gilt natürlich für privat

Mehrfachhundehaltung verlangt eine gute Organisation und viel Disziplin.

betriebene Wohnmobilstellplätze. Denn es gibt durchaus viele Campinganlagen, die mehr als zwei Hunde an einem Stellplatz ausschließen. Die gute Nachricht ist: Umgekehrt gibt es auch Campingplätze, die sogar damit werben, unbegrenzt Hunde aufzunehmen. Oftmals werden dann spezielle Plätze vergeben, an denen sich nicht nur die Nachbarn, sondern vor allem der Hundebesitzer und seine Meute wohlfühlen.

Im Gegenzug ist es zu empfehlen, den Stellplatz vorher kurz auf die Nachbarschaft zu prüfen. Wer einmal neben neun Huskys gestanden hat, weiß, worum es geht. Dennoch bin ich immer wieder erstaunt, wie gut erzogen und diszipliniert ein solches Rudel sein kann. Ausnahme ist hier höchstens die Futterzeit, wenn neun Näpfe verteilt werden. Überhaupt ziehe ich oft den Hut vor dem Organisationstalent der Hundehalter, die für einen dreiwöchigen Urlaub mit vier Neufundländern allein 120 Kilo Futter und Leckerlis mitnehmen müssen. So oder so: Wahrheitsgemäße Angaben bei der Buchung helfen allen Beteiligten, unliebsame Überraschungen zu vermeiden und unnötige Diskussionen erst gar nicht aufkommen zu lassen.

89 Hundesport der Extraklasse

Agility ist die gemeinsame Bewältigung eines Hindernisparcours von Hund und Hundehalter. Er erfordert von beiden Seiten Geschick, Koordination, Körpergefühl und schnelle Reaktionen. Durch einen Tunnel laufen, über Hürden springen oder Slalom laufen durch Stangen – ein unbändiger Spaß für alle!

Agility wurde in den 1970ern in Großbritannien erfunden und kam in den 1980er-Jahren auch nach Deutschland. Seine längst weltweite Verbreitung zeugt von der Begeisterung, die diese Hundesportart unter Hundefreunden hervorruft. Man kann Agility (dt.: Flinkheit, Wendigkeit) als ernsthaften Sport samt Wettkämpfen und auf Zeit mit anderen Hundehaltern betreiben, aber

vor allem ist es eine wunderschöne Abwechslung bei der Freizeitbeschäftigung mit dem Hund. Ein kleines Agility-Set für Einsteiger mit einem Tunnel, Pylonen, Stangen und Ringen gibt es bereits ab 40 Euro zu kaufen. Klein verpackt in einer Tasche, passt es in den Stauraum des Wohnmobils und ist in Minutenschnelle auf jeder Fläche ab 30 Quadratmetern einsatzbereit.

Natürlich kann man auch einen Agility-Kurs in der Hundeschule belegen. Allerdings übertrifft die Gebühr den Anschaffungspreis des Sets um einiges. Und privat zu spielen macht großen Spaß. Auch auf Reisen kann man gezielt bestimmte Übungen trainieren und, wenn Platz vorhanden ist, diese miteinander verbinden. Mittlerweile gibt es viele Campingplätze, die solche »Hundespielplätze« anbieten. Sobald man beginnt, vor dem Wohnmobil oder auf der nahe gelegenen Wiese zu üben und zu spielen, versammeln sich meist schnell die ersten Neugierigen. Andere Hunde braucht man gar nicht erst einzuladen, denn wer will da nicht mitmachen? Spielerisch werden so neue Kontakte geknüpft, und zwar nicht nur unter den Vierbeinern. Wenn man Agility bewerten müsste: ganz klar Daumen hoch!

Bewegung der Extraklasse für den Vier- und Zweibeiner!

Blick über die Moldau auf die Prager Altstadt
Naturlandschaft Hohe Tatra in der Slowakei

Tschechien und Slowakei – Traumziel in Europa 12

Sieht man einmal von der tschechischen Hauptstadt Prag ab, sind unsere direkten Nachbarländer Tschechien und Slowakei ein weitestgehend unbekanntes Terrain. Das völlig zu Unrecht, verfügen sie doch über viel unberührte Natur, in der Wohnmobile und Hunde gern gesehene Gäste sind.

Für Hunde gelten die allgemeinen EU-Einreisebestimmungen, allerdings müssen sie mindestens 15 Wochen alt sein. In der Slowakei gibt es keine Beschränkungen der Hunderassen. Die Anzahl reiner Wohnmobilstellplätze ist in beiden Ländern sehr begrenzt und es gibt Privatleute, die auf ihren Grundstücken kostengünstige Übernachtungsplätze anbieten. Das freie Stehen ist nicht erlaubt, wird aber in einigen Gemeinden per Regionalerlass für eine Nacht geduldet.

Wohnmobile über 3,5 Tonnen benötigen in Tschechien eine elektronische Mautbox. Somit muss in Tschechien für Wohnmobile unter 3,5 Tonnen und in der Slowakei für alle Wohnmobile eine Vignette erworben werden. Man kauft sie ganz einfach an der Grenze. Sie gilt für 10 bzw. 30 Tage und kostet ab zehn Euro. In Prag gibt es zwei gut gelegene Campingplätze (www.caravan-camping.cz, www.rivercampingprague.com), wobei der am Ufer der Moldau im Winter geschlossen ist. Beim Besuch der slowakischen Hauptstadt Bratislava ist der Campingplatz im Vorort Cunovo zu empfehlen (www.divokavoda.sk). Von dort fährt stündlich ein Bus binnen 20 Minuten in die Innenstadt.

Die goldene Stadt Prag und Bratislava sind zu jeder Jahreszeit ein lohnenswertes Ziel. Zur Weihnachtszeit locken sie mit wunderschönen Märkten, die in den historischen Altstädten ein ganz besonderes Flair verbreiten. In den Sommermonaten glänzen sie natürlich durch ihre Flusslagen an Moldau und Donau. Besonders im Hinterland protzen beide Länder mit beeindruckenden Landschaften, die sich viel von ihrer natürlichen Schönheit bewahrt haben. Besondere Erlebnisse erwarten den Camper in der kleineren Slowakei im Grenzgebiet zu Polen in der Hohen Tatra. Gebirgslandschaften, wo man noch auf Bären und Wölfe trifft! In der gesamten ehemaligen Tschechoslowakei wird herzhaft gegessen und das Preis-Leistungs-Verhältnis ist ausgezeichnet. Campingplätze dagegen sollten mit Wohlwollen betrachtet werden.

Wie sage ich es den Nachbarn

Kinder und Hunde müssen sich nicht immer vertragen. Das hat verschiedene Gründe, selbst wenn man Experten befragt. Die einen behaupten, die Kindesgröße spiele eine Rolle, da der Hund in ihnen oftmals keinen Rudelführer anerkenne, andere meinen, kleine Kinder gingen etwas grob mit Hunden um.

Fest steht auf jeden Fall, dass eine Vielzahl von Hunden niemals mit Kindern in Berührung kommt und diese durch ihre manchmal stürmische Art eine Schreck- oder Abwehrreaktion beim Hund auslösen können. Im Gegenzug haben die kleinen Erdenbürger von Natur aus wenig Scheu vor Hunden, da sie aus ihrer Lebenserfahrung meist noch keinerlei Angstgefühle gegenüber Hunden entwickelt haben. Da ist die Neugier gegenüber diesem beweglichen Fellknäuel schon eher ausgeprägt.

Die Erfahrung zeigt, dass Kind und Hund kein Problem miteinander haben, wenn sie vom Hundehalter behutsam zusammengeführt werden. Beim Eintreffen neuer Nachbarschaft mit Kinderbegleitung auf dem Stellplatz ist es also am besten, mit den Ankömmlingen ein kurzes Gespräch zu führen. Man kennt ja das Verhalten seines Hundes und vermittelt es den Nachbarn mit netten Worten; dann ist es für beide Parteien ganz einfach, damit umzugehen.

Für unerfahrene Eltern kann auch der Tipp, einen Hund niemals ohne Rücksprache mit seinem Halter zu streicheln, sehr wertvoll sein. Außerdem sollte man den Kindern vermitteln, dass ein Hund rücksichtsvoll behandelt werden möchte, man ihn also beispielsweise nicht an den Ohren oder am Schwanz zieht und ihn auch immer in Ruhe lässt, wenn er schläft oder frisst. Verbringt man einige Tage nebeneinander auf dem Platz, kommt bestimmt eine Gelegenheit, den ängstlichen oder übermütigen Hund mit den Kindern zusammenzubringen. Wie so oft im Leben gilt der Leitspruch: »Wer spricht, dem kann geholfen werden!« Allerdings kann, mit ein wenig Geduld, auch für den Hund etwas Positives und Neues aus dieser Begegnung entstehen. Denn oftmals haben Kinder viel Spaß an der Beschäftigung mit der Fellnase. Denn spielen tun ja eigentlich beide Seiten gerne. Allerdings sollten die Halter zu Beginn ein besonderes Auge auf die Szenerie werfen.

Wenn das Vertrauen gewachsen ist.

Wer freut sich mehr über die Abwechslung, Mensch oder Tier?

Gemeinsame Gaumenfreuden

92

Für die Freunde der Barf-Fütterung, einer besonderen Mischform aus frischem Fleisch, Obst, Gemüse und Ölen, ist es nichts Besonderes, das Futter für ihren Hund selbst zuzubereiten. Aber auch jeder andere Hund freut sich über eine Abwechslung im Speiseplan.

Egal, welche Art der Fütterung sonst Ihr Favorit ist: Man sollte nicht vergessen, dass der Hund über Jahrhunderte ganz nah am Menschen gelebt hat und ein Teil des Lebens gewesen ist, ohne dass sich jemand speziell mit ihm beschäftigt hätte. Er bekam das zu fressen, was auch sein Rudel gegessen hat. Wenn man also bei herrlichem Sonnenschein über einen Markt in der Toskana flaniert und einem schon beim Einkauf das Wasser im Munde zusammenläuft, sobald man an die spätere Zubereitung vor dem Wohnmobil denkt, spürt das auch der Hund. Warum nicht eine Kartoffel und etwas Gemüse mehr einkaufen, um die Fellnase daran teilhaben zu lassen.

Ob zu Hause oder in der Fremde, es will bestimmt niemand leugnen, dass der Hund mit großem Interesse um die Kochstelle schleicht. Ein paar Kartoffeln mehr sind schnell gekocht, dazu ungewürztes Gemüse wie Möhre oder Zucchini abgezweigt und nach Geschmack mit rohem oder gekochtem Fleisch ergänzt, fertig ist die Mahlzeit. Der Hund wird es mehr als genießen, wenn er merkt, dass er am Futter von Frauchen und Herrchen teilhaben darf. Nebenbei wird man feststellen, wie günstig es ist, ein gesundes und nahrhaftes Futter für den vierbeinigen Reisebegleiter herzustellen. Übrigens lässt sich das Gemüse wunderbar mit Obst wie Apfel oder Banane ergänzen. Bei allen Kohlsorten niemals vergessen, sie abzukochen, und nicht in großen Mengen füttern, da Kohl natürlich auch beim Hund zu Blähungen führt. Immer die üblichen Futtermengen einhalten und nicht zu viel durcheinander füttern, da die Fellnase sonst eher zu Magendrehungen neigt.

Apropos Obst, ein Stück Apfel oder eine Erdbeere sind auch ein gutes Leckerli. Bei allen Gemüsen und Obst aber immer die Schalen entfernen und das Gemüse möglichst gut »quetschen«, damit die Zellwände zerstört werden. Der Hund besitzt nämlich keine Enzyme, die dies können. Also machen wir das mechanisch, damit auch der vierpfotige Liebling an die wertvollen Vitamine und Mineralstoffe kommt.

93

Unterwegs mit Rabatt

Zum Glück sind Sie von der »Geiz ist geil«-Mentalität weit entfernt, aber sparen möchte man doch gern ein wenig. Zumal der Urlaub in der Summe dann doch einiges kostet. So sollte auch der Wohnmobilfahrer das ein oder andere sinnvolle Sparpaket nutzen und oftmals ist der Hund inkludiert!

In der Vor- und Nachsaison geht das sehr einfach mit der ACSI-Rabattkarte (siehe auch Kapitel 34). Ab 16,95 Euro im Jahr sind Sie dabei und erhalten zu bestimmten Zeiten eine Übernachtung ab elf Euro für zwei Erwachsene, bis zu drei Kinder von drei bis fünf Jahren und einen Hund. Enthalten sind Stellplatz, Strom bis 4 kWh und warme Duschen. Die Gebühren richten sich nach der Qualität des Campingplatzes, können also auch bis zu 19 Euro hoch sein. Auch die Camping Key Card des ADAC wird gern genommen. Bei einigen Angeboten im Ausland ist sie sogar Voraussetzung, um überhaupt einen Platz zu bekommen. Dies gilt z.B. bei Klubplätzen in Großbritannien oder Schweden. Auch diese zwölf Euro sind gut investiert.

Sehr gut ist auch das System des Camping Travel Club (vormals Camping Cheque); hier erwerben Sie die Camping Travelcard Silver für null Euro. Bei Bedarf buchen Sie auf dieses Konto die Summe X, um dann z.B. innerhalb von zwei Jahren das Guthaben auf Campingplätzen einzusetzen. Also prüfen Sie, ob in Ihrer geplanten Reiseregion teilnehmende Anlagen sind. So können Sie Preise von 15 bis 18 Euro für eine Übernachtung mit zwei Personen, Camper und Hund inklusive Strom und Dusche erreichen.

Auch die Camping Card International ist, mit Rabatten bis zu 40 Prozent auf mehr als 2500 Plätzen in Europa, sehr interessant. Hierzu muss man allerdings bereits irgendwo Mitglied sein (z.B. ADAC, ACE, Campingverband etc.), um diese dann für Portokosten zu erhalten. Sie gilt gleichzeitig als Identitätsnachweis.

Im Allgemeinen rechnet sich die Anschaffung einer solchen Karte schon ab zwei oder drei Übernachtungen. Vor allem für Familien und Hundebesitzer lohnt es sich, da ganz oft Kinder bis 14 Jahre und ein Hund inkludiert sind. Selbstverständlich arbeiten die meisten schon mittels App, um unterwegs passende Angebote im Umkreis aufzuzeigen.

Die Vielfalt beim Sparen macht's.

94

Attraktives Baltikum – Traumziel in Europa 13

Seit ihrem Beitritt zur Europäischen Union hat sich in den Ländern Estland, Lettland und Litauen viel bewegt. Nicht nur die Hauptstädte Tallinn, Riga und Vilnius erstrahlen in neuem Glanz, sondern die gesamte baltische Region. Mit dem Wohnmobil kann man sie gut entdecken.

Gastfreundliche Menschen begrüßen Wohnmobil und Hund, geben sich viel Mühe, den Besuchern einen schönen Aufenthalt zu ermöglichen. Hier ist noch lange nicht alles perfekt, aber genau das macht den besonderen Reiz aus. Es gibt noch viel zu erkunden und die Natur wirkt oftmals unberührt. Orte, die einfach zum Bleiben einladen und an denen oftmals kein Mensch fragt, wenn Sie einfach dableiben.

Im Sommer erblühen die Regionen der Hauptstädte zu vollem Glanz und alles hat eine positive Stimmung, was nach den langen und harten Wintern kein Wunder ist. Viele junge Leute sind geradezu in einer fortwährenden Aufbruchstimmung. In diesen Ländern sind moderne Medien und Social Media gelebter Alltag, mit Verlaub, da können wir uns mehr als eine Scheibe abschneiden. »Kein Internetempfang« ist hier ein Fremdwort.

Die Reisewege lassen keine Wünsche offen. Haben Sie ausreichend Zeit, wir sprechen hier von drei Wochen, dann reisen Sie von Schweden über Finnland mit der Fähre an. Bequem geht es von Sassnitz bis an die Westküste Litauens nach Klaipeda oder den kompletten Landweg durch Polen zwischen der russischen Enklave Kaliningrad (ehemals Königsberg) und Weißrussland hindurch. Besonders Polen mit Masuren und der Danziger Bucht an der Ostsee ist eine unterschätzte Traumroute.

Auch wenn die drei Länder nicht mal halb so groß sind wie Deutschland und die Bevölkerungszahl gerade mal bei etwas über sechs Millionen liegt, bieten sie einen unglaublichen Reichtum an Stille und Natur, was einen erholsamen Urlaub garantiert. Angenehm ist, dass die älteren Einwohner sehr viel Deutsch und die jungen Menschen ausnahmslos Englisch sprechen. Zudem sind es sehr günstige Reiseländer. Das gilt sowohl für den Einkauf auf dem Markt als auch für den Besuch eines Restaurants oder die Eintrittsgelder für kulturelle Veranstaltungen und Museen.

Altes Brauchtum und viele Feste besonders um die Zeit der Sonnenwende, wenn die Nächte zum halben Tag werden, laden Sie ein, dabei zu sein. Sie sind ohne Vorbehalte mittendrin statt nur dabei und eine Übernachtung auf einem der vielen privaten Grundstücke, die ihre Schilder einfach am Straßenrand postieren, sollten Sie auf keinen Fall verpassen. Haben Sie dann noch ein kleines Gastgeschenk aus Ihrer Heimat dabei – da reicht durchaus eine Flasche Bier, eine Schokolade oder was auch immer –, kann es durchaus sein, dass ein spontanes Grillfest daraus wird, das Sie so schnell nicht vergessen werden.

Im Baltikum wartet viel Freiheit auf die Wohnmobilisten.

95

Hundestrände
in der Heimat

Deutschland hat so viel zu bieten und einiges haben wir schon vorgestellt, aber stellvertretend für unzählige Meeresstrände und Seen sollen noch einige Beispiele dazu animieren, individuelle Plätze zum Verweilen zu entdecken. Denn so spielt die mobile Hundehütte ihre Vormachtstellung im Punkt Spontaneität voll aus.

Wollen Sie mit dem Vierbeiner ans Meer, haben wir hier einige der schönsten Vorschläge für Sie. Die Insel Usedom beispielsweise hat nicht nur kilometerlange weiße Sandstrände zu bieten, sondern auch viele abwechslungsreiche Wanderwege durch den schönen Nationalpark der Insel. Vor allem in den Ostseebädern Zinnowitz, Heringsdorf und Lubmin kommen Vierbeiner ganz auf ihre Kosten.

Rügen, die größte Insel Deutschlands, erstreckt sich über eine Küstenlänge von 580 Kilometern. Mittlerweile hält jeder größere Ort Strandabschnitte für Hundehalter und ihre Vierbeiner bereit. Die schönsten Hundestrände finden Sie unter anderem in Juliusruh, Binz und Göhren.

Rerik und die vorgelagerte Halbinsel Wustrow bieten zahlreiche Möglichkeiten für ausgedehnte Spaziergänge und entspannte Strandtage an der Ostsee. Der Hundestrand Teufelsschlucht in Rerik in Richtung Meschendorf ist vor allem sehr ruhig und wird immer wieder als ein kleines Paradies für Vierbeiner bezeichnet. Hier gibt es sogar Hundetoiletten.

Auf der Insel Borkum gibt es gleich drei herrliche Abschnitte für Hundeliebhaber. Einen östlich des Nordbadestrandes, einen am Südstrand und einen am FKK-Strand. Allerdings gilt auf der gesamten Insel Leinenzwang. Borkum ist trotzdem ein lohnenswertes Ausflugsziel, nicht nur für die Hundebesitzer.

Die Insel Poel lebt von ihren Naturschutzgebieten, weshalb ein generelles Anleingebot herrscht. Dennoch sind Hunde mehr als willkommen. Die schönsten Steinstrände finden Hundebesitzer zwischen Timmendorf, Am Schwarzen Busch und Gollwitz.

Auch auf Föhr sollten Vierbeiner an der Leine gehalten werden, aber breite Strände mit feinstem Sand entlohnen bei einem Ausflug. Heiße Tipps für den Hundeurlaub sind Wyk, Utersum und Nieblum, Orte mit viel Grünanlagen sowie netten Lokalen zur Einkehr mit Hund.

Muss es nicht immer Meer sein, gibt es einige traumhaft schöne und auch hundefreundliche Seengebiete. Die bekannte Schmugglerbucht bei Konstanz am Bodensee bietet gleich drei Hundestrände und zahlreiche hundefreundliche Unterkünfte in der Umgebung. Auch am Forggensee im Ostallgäu, dem fünftgrößten See Bayerns, kann Ihr Hund fröhlich im Wasser planschen. Gleiches gilt für den Dennenloher Stausee zehn Kilometer östlich von Gunzenhausen. Kleine Buchten ermöglichen ein ruhiges Badevergnügen. Der Untreusee in der Nähe von Hof in Oberfranken ist ein Naherholungsgebiet mit zahlreichen Liegewiesen inmitten grüner Natur. Am Südostufer können sich Hundebesitzer am 400 Meter langen Hundebadestrand niederlassen.

Hunde lieben das Laufen und Wühlen im Sand.

96 Überraschungspaket im Allgäu

Ein gutes Beispiel für noch unberührte Fleckerl Erde in Deutschland ist die 3500 Einwohner zählende Gemeinde Wolfegg. 30 Kilometer nordwestlich von Isny im Allgäu auf der Durchfahrt entdeckt, entpuppt sie sich als ein wahres Überraschungspaket. Einen Reisestopp ist sie allemal wert.

Hier kommt die ganze Familie mit Hund und Kegel auf ihre Kosten. Von der Landstraße sieht man schon am Feldrand eine kleine Kapelle, umrahmt von saftigen Wiesen, Bäumen und Weizenfeldern, deren Ähren im leichten Wind wehen. Davor die Silhouette einiger Wohnmobile. Also herunterschalten, leicht bremsen und Blinker setzen. Nach Öffnen der Tür kann der Hund sofort den ersten Feldweg unter die Schnüffelnase nehmen; ihm gefällt es schon mal.

Der tolle Wohnmobilstellplatz heißt trefflich Loretokapelle und bietet zwölf großzügig angelegte Stellplätze für fünf Euro je Übernachtung. Das Angebot wird neben der Ver- und Entsorgung von Stromsäulen komplettiert. Ein Stück unterhalb ist auch die Gemeindeverwaltung, wo man zu den Öffnungszeiten der Tourist-Info (Mo–Fr von 10–16 Uhr) eine Gästekarte erhält. Diese ist in der Stellplatzgebühr enthalten und gewährt u. a. Rabatte für die Museen.

Am Gasthof zur Post vorbei, kommt man zum Café am Schlosspark. Hier kann man bei Hausgemachtem das Programm von Wolfegg studieren. Und davon gibt es reichlich. Am südlichen Rand befindet sich das wunderschön angelegte Bauernhofmuseum mit seinen verschiedenen Rundwegen und Gebäuden aus vergangener Zeit. Es gibt viele Mitmachangebote für Kinder, natürlich auch Ziegen, Esel und Pferde, alte Gemüsesorten werden angebaut und geerntet. Hier kann man bequem einen halben Tag verbringen.

In der Schlossanlage mit seiner wirklich sehenswerten Kirche befindet sich seit mehr als 40 Jahren das Automuseum Fritz B. Busch. Entstanden aus seiner privaten Sammlung, hat der Journalist und »Autopapst« hier einen Querschnitt absolut einmaliger Exemplare angehäuft. Alles, was Räder hat, ist vertreten, der Cadillac von Hans Albers genauso wie die Vespa oder der Dethleffs-Camper aus dem Jahr 1955. Auch Kindern wird es nicht langweilig.

Sie erhalten im Museumsfoyer einen Erlebnisbogen, der sie dazu einlädt, Fragen zu lösen oder bestimmte Exponate zu finden. Aufgelockert wird das Ganze durch historisches Bildmaterial, welches die mobile Geschichte der Menschen anschaulich macht.

Ein entspannter Spaziergang durch das abwechslungsreiche Wolfegg mit wunderschönen, zum Teil uralten Bäumen rundet das Programm ab. Die umliegende Natur und ein reichhaltiges Angebot für Jung und Alt stehen hier stellvertretend für viele Städtchen im Allgäu, die es wert sind, nicht nur einfach ein Punkt auf der Durchfahrt zu sein. Das Beste zum Schluss: Überall sind Fellnasen willkommen!

Wohnmobilstellplatz Loretokapelle · Rötenbacher Str. · D-88364 Wolfegg
GPS: N 47°48'57" E 9°47'51"

Naturnah und toll mit Hund – der Stellplatz Wolfegg

Wassergefahren für den Hund

Wasser aller Art ist für viele Hunde, Ausnahmen bestätigen die Regel, das Vergnügen schlechthin und die Rudelführer unterstützen meist ihre Begeisterung.

Schwimmen und Toben im Wasser stellen eine außergewöhnliche körperliche Belastung für den Hund dar. Die Schwimmbewegung oder das Laufen in flachen Gewässern bedarf einer Verdrängungskraft, die der Hund zu leisten hat. Daher sollte man ausreichend Pausen schaffen, den Hund in seinem Bewegungsdrang maßvoll einbremsen und kontrollieren. Besonders das Meer ist nicht zu unterschätzen und in den Auszeiten sollte man der Fellnase unbedingt frisches Wasser zuführen, da das salzige Meerwasser alles andere als gesund ist. Hat der Hund zu viel davon zu sich genommen, kommt es schon mal zu Erbrechen oder Durchfall. Beim Flussbaden sollte man die Strömung und den Uferrand im Auge behalten. Dies ist besonders wichtig, weil der

Hund abgetrieben werden könnte oder das Ufer so steil und unwegsam sein kann, dass er nicht aus dem Wasser kommt. Im Fluss schwimmen will gelernt sein. Wer die Gelegenheit hat, einen erfahrenen Hund dabei zu beobachten, wird sehen, dass sich dieser sogar mit der Strömung, ähnlich wie eine Fähre, ohne Schwimmbewegungen an eine bestimmte Stelle treiben lässt.

In einem Süßwassersee zu schwimmen ist das ungefährlichste Vergnügen, wenn ein gut begehbarer Zugang möglich ist. Hier sollte man nur darauf achten, dass sich der Hund nicht zu weit vom Ufer entfernt.

Sehr hilfreich kann eine Schwimmweste sein. Sie gibt dem Hund etwas Auftrieb und hält ihn auch bei einer Schwächephase über der Wasserlinie. Da die Schwimmwesten für Hunde auf der Rückseite einen robusten Halte- bzw. Tragegriff mit einer Aufnahme für Karabiner haben, kann man den Hund hier greifen und zur Not an Land ziehen. Hier lässt sich auch eine Sicherheitsleine anbringen, allerdings unbedingt eine mit automatischem Rigg. Diese stabile Leine bleibt auf Zug und der Hund kann sich nicht an Gegenständen oder mit seinen Beinen darin verfangen. Am besten übt man erst mal in kleinen Gewässern, also nicht gleich im Gardasee, Atlantik oder Rhein. Nichtsdestotrotz sollte der Rudelführer seinem Vierbeiner in einer brenzligen Situation immer zur Seite stehen können.

Die Schwimmweste unterstützt den Hund und erleichtert es, ihn zu greifen.

98 Der kleine »Halter-Knigge«

Mithilfe dieser wenigen Regeln sollen die Interessenkonflikte zwischen Hundehaltern und Nichthundehaltern entschärft werden oder besser erst gar nicht entstehen. Rücksicht, Achtsamkeit und Verständnis auf beiden Seiten fördern ein harmonisches Miteinander.

Vergessen wir nicht, dass der Rudelführer aufgrund seines Wissens um das Verhalten seines Hundes dem anderen gegenüber im Vorteil ist. Und noch nicht so erfahrene Hundehalter oder Neulinge auf diesem Gebiet können vom Vorbild lernen.

1. Auch wenn der Hund noch so süß und toll erzogen ist, nimmt man ihn an menschenreichen Plätzen an die Leine und lässt ihn möglichst nah bei sich laufen. Es gibt immer Menschen, die Hunde nicht mögen oder Angst haben, und das sollte man respektieren.

2. Auf menschenleeren Wegen gehört es zum guten Ton, seinen Hund ranzurufen, wenn einem Passanten entgegenkommen. Nichts ist nerviger für Jogger oder Fahrradfahrer als ein frei laufender Hund, der vor das Rad oder vor die Füße läuft. Durch ein frühes Reagieren signalisiert man dem »Gegenverkehr« bereits auf Distanz, dass der Hund unter Kontrolle ist. Das ist übrigens auch gleichzeitig ein Supertraining, um das »Abrufen« und »Bei Fuß« zu üben.

3. Gleiches gilt selbstverständlich auch, wenn einem angeleinte Hunde entgegenkommen. Es hat immer einen Grund, wenn ein Hund angeleint ist! Vielleicht ist er ängstlich, verletzt, läufig, im Training, sozial unverträglich oder Ähnliches. Akzeptieren Sie das und handeln Sie entsprechend.

4. Vermeiden Sie Hundekontakt an der Leine, denn das kann zu einer Rauferei führen. Besteht keine Möglichkeit, dass sich die Hunde im Freilauf beschnuppern, führt man den Hund im Bogen an dem fremden Hund vorbei. Damit kontrolliert man souverän die Situation.

5. Als guter Hundeführer achtet man stets darauf, den Hund immer an der von Passanten, Kindern, Fahrzeugen, anderen Hunden usw. abgewandten Seite zu führen.

6. Man nimmt Rücksicht auf die Umwelt und die Natur. Auch achtet man pflichtbewusst darauf, andere Tiere, z.B. Wildtiere, nicht zu belästigen, zu erschrecken oder zu verängstigen.

7. Hundehaufen sind selbstverständlich stets und umgehend zu entfernen. Auch sollte man zu vermeiden versuchen, dass der Hund in fremde Gärten oder an Autos pinkelt.

8. Mehrhundehaltungen sind voll im Trend. Man sollte aber trotzdem nur so viele Hunde mitführen, wie man auch zu führen in der Lage ist.

9. Fremde Hunde füttert man nicht ungefragt. Bei der Leckerli-Vergabe an den eigenen Hund achtet man darauf, dass kein Futterneid und dadurch kein aggressives Verhalten unter den anwesenden Hunden entsteht.

10. Benutzen Sie keine Folterwerkzeuge wie Stromhalsbänder, Stachelhalsbänder und/oder Würgehalsbänder. Sollten Probleme bei der Führung des Hundes auftreten, kann ein guter Hundetrainer wahre Wunder bewirken. Ihr Hund wird es Ihnen danken. Der Gebrauch von Strom- oder Stachelhalsbändern ist in Deutschland abgesehen davon verboten! Im Übrigen trugen Hütehunde früher die Stacheln nach außen, um vor dem Genickgriff von Angreifern geschützt zu sein.

Situationsbedingte Rücksicht erleichtert die Hundehaltung.

Nichts sagen – einfach nur gern haben!

Hommage an Wohnmobil und Hund

Es ist so weit, der Autor gestaltet seinen Schlussakkord. Keine leichte Aufgabe, das passende Ende zu finden und zu formulieren. Das Buch zu schreiben war eine Herzensaufgabe; auch eine Herausforderung, allen Aspekten des Themas gerecht zu werden. Für mich war es eine Freude und ich hoffe, für die Leser auch!

Regeln für ein Leben mit Wohnmobil und Hund

Der Hund ist in der Garage, nicht im Wohnmobil.
- Okay, der Hund darf ins Wohnmobil auf seinen Platz.
- Okay, der Hund darf überall im Wohnmobil hin, aber nicht auf das Sofa.
- Okay, der Hund darf mit der alten Decke auf das kleine Sofa.
- Okay, der Hund darf auf alle Sofas, aber nicht ins Bett.
- Okay, der Hund darf manchmal auf das Bett.
- Okay, der Hund kann im Bett schlafen, aber nicht unter der Decke.
- Okay, der Hund darf manchmal unter der Decke schlafen.
- Okay, der Hund darf jede Nacht unter der Decke schlafen.

Die Wohnmobilisten fragen den Hund, ob sie auch unter der Decke schlafen dürfen!

»Hunde kommen in unser Leben, um zu bleiben.
Sie gehen nicht fort, wenn es schwierig wird, und auch, wenn der erste Rausch verflogen ist, sehen sie uns noch immer mit genau diesem Ausdruck in den Augen an. Das tun sie bis zu ihrem letzten Atemzug.
Vielleicht, weil sie uns von Anfang an als das sehen, was wir wirklich sind: fehlerhafte, unvollkommene Menschen.
Menschen, die sie sich dennoch genau so ausgesucht haben.
Ein Hund entscheidet sich einmal für den Rest seines Lebens.
Er fragt sich nicht, ob er wirklich mit uns alt werden möchte.
Er tut es einfach. Seine Liebe, wenn wir sie erst verdient haben, ist absolut.«

Picasso

Register

► **Impressum**

Verantwortlich: Kerstin Thiele
Redaktion: Michaela Zelfel
Layout: Elke Mader
Repro: LUDWIG:media
Herstellung: Anna Katavic
Printed in Slovenia by Florjancic

**Sind Sie mit diesem Titel zufrieden? Dann würden wir uns über Ihre Weiter-
empfehlung freuen.** Erzählen Sie es im Freundeskreis, berichten Sie Ihrem Buch-
händler, oder bewerten Sie bei Onlinekauf. Und wenn Sie Kritik, Korrekturen oder
Aktualisierungen haben, freuen wir uns über Ihre Nachricht an Bruckmann Verlag,
Postfach 40 02 09, D-80702 München oder per E-Mail an lektorat@verlagshaus.de.

Unser komplettes Programm finden Sie unter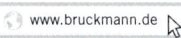

Alle Angaben dieses Werkes wurden vom Autor sorgfältig recherchiert und auf den
neuesten Stand gebracht sowie vom Verlag geprüft. Für die Richtigkeit der Angaben
kann jedoch keine Haftung übernommen werden, weshalb die Nutzung auf eigene
Gefahr erfolgt. Sollte dieses Werk Links auf Webseiten Dritter enthalten, so machen wir
uns die Inhalte nicht zu eigen und übernehmen für die Inhalte keine Haftung.

Die Deutsche Nationalbibliothek verzeichnet diese Publikation in der Deutschen National-
bibliografie; detaillierte bibliografische Daten sind im Internet über http://dnb.d-nb.de
abrufbar.

© 2019 Bruckmann Verlag GmbH, München
ISBN 978-3-7343-1350-9